Fun
It makes learning
a language fun and fast.

global

"노느니 제3의 외국어"

여러분의 말랑말랑한
글로벌 비즈니스를 위해
미리 대비해 두십시오!
그것이 비록 애교 수준
정도일지라도 말입니다.

Teach Yourself
Languages

It's real, it's easy
and it's practical!

Quick
It makes learning
a language fun and fast.

possibility

"하면 된다! 아니, 되면 한다!"

되면 하십시오! 되는 만큼만이라도
기꺼이 즐기면서 하십시오!
눈곱만큼 배우고 배 터지게 써먹을
방법을 알려드리겠습니다.

It makes learning
a language
fun and fast

국가대표 포르투갈 브라질어 완전 첫걸음

저자_ 임은숙

1판 1쇄 발행_ 2011년 11월 25일
1판 2쇄 발행_ 2015년 6월 12일

발행처_ 북커스베르겐
발행인_ 신은영

등록번호_ 제 313-2009-217호
등록일자_ 2009년 10월 6일

주소_ 경기도 고양시 일산동구 장항동 742-1 한라밀라트 B동 215호
전화_ (02)722-6826   팩스_ (031)911-6486

값은 표지에 있습니다.
ISBN 978-89-963283-8-4 14700
     978-89-963283-5-3 (세트)

이 도서의 국립중앙도서관 출판시도서목록(CIP)은 e-CIP홈페이지(http://www.nl.go.kr/ecip)와
국가자료공동목록시스템(http://www.nl.go.kr/kolisnet)에서 이용하실 수 있습니다.
(CIP제어번호: CIP2011004629)

이메일_ coolsey@okdangbooks.com

북커스베르겐은 옥당의 외국어 출판브랜드입니다.

Take the Pleasure of Learning! It makes learning a language fun and fast.

Teach Yourself
Languages
It's real, it's easy
and it's practical!

A Self Teaching Guide

Languages!

Teach Yourself!

국가대표
포르투갈 어 브라질
완전 첫걸음

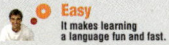
Easy
It makes learning
a language fun and fast.

Fun
It makes learning
a language fun and fast.

Quick
It makes learning
a language fun and fast.

Fun
It makes learning
a language fun and fast.

"나는 敎養人間이다!"

주위엔 재미있고 자극적인 '꺼리' 들이 넘쳐 납니다.
그럼에도 불구하고 수고스런 노력이 필요한
'교양'에 눈을 돌려야 하는 수만 가지 이유가 있습니다.

교양, 그 중의 으뜸은 외국어!

자투리 여가를 이용해서 스포츠 삼아 배우고
우아하게 티낼 수 있는 **교양인의 베스트 아이템,
바로 제3의 외국어**입니다!

"팍팍하십니까?"

그럴수록 '교양인간' 스럽게 사셔야 합니다.
몸에 배고 남아, 자연스럽게 티가 나는 게
바로 '교양' 이니까요.

막막하고 답답한 상황일수록
자신에게 투자해야 합니다.
준비하는 사람들에게 **'자신감은 덤'** 으로
굴러들어 옵니다.

target

It's 4 U!

이 책은 이 시대를 가로지를
이 땅의 **모든 대한민국 국민**,
특히 우리의 미래를 집적거릴
지적인 열혈 중고대딩,
그리고 **제3의 외국어**와
자발적으로 친해지고 싶어하는 분들을
골수 핵심 대상으로 합니다.

target

"대한민국 누구나
외국어 첫걸음
국가대표가 된다!"

요즘 생각이 좀 깼다 하는 사람들은
자발적으로 제3의 외국어를 시작한다네요 ... ʊ̂
외국어에 대한 부담은 싹 빼고,
편안함과 여유를 듬뿍 더했습니다.
대한민국 사람 모두를 위한 교양 있는 외국어 시간!
지금 바로 시작합니다!
'우리 시대 교양인의 비밀병기', 제3의 외국어!

It makes learning
a language
fun and fast.

It makes learning
a language fun and fast.

Quick
It makes learning
a language fun and fast.

"영어는 대략 모국어, 중국어 일본어는 제1 외국어,
   요거 제대로 못하고, 절반도 못하면 국민도 아니랍디다!"

언제 한번 정말 땡겨서 배우고 싶었던 외국어가 있으셨나요?
옴짝달싹 못하고 배워야만 했던 언어영역 말고,
우아하고 여유롭게 느끼면서 터치할 수 있는
감성적인 제3의 외국어 친구들이 요기 있습니다.

내가 선택하고, 배우면서 맘이 뿌듯해지는 외국어가 있습니다.
세계와 내가 격식 없이, 편안하게 소통하기 위해 하나쯤 준비해두면 딱 좋을,
그래서 조만간 박차고 여행을 떠나
내가 아는 만큼이라도 자유롭게 써먹고 싶은 외국어!

"꽃보다 외국어!"

결정적으로 수출로 먹고 사는 나라,
그래서 '꽃보다 외국어'가 정답입니다.
유창하진 않아도 흉내만이라도
낼 수 있다면,
여러분의 글로벌 비즈니스는
훨씬 말랑말랑해질 것입니다.

*It makes
a langua
fun and*

possibility

"하면 된다! 아니, 되면 한다!"

되면 하십시오! 될 것 같은걸 하십시오! 무작정 들이대는 건 에너지 소모입니다.
눈곱만큼 배우고 배 터지게 써먹을 수 있다면 요딴 게 똘똘한 겁니다.

쉬운 것부터 배우고, 납득할 만한 수준까지만 배웁니다.
그 정도만으로도 써먹을 데가 차고 넘치니까요.

global

"제3의 힘!
글로벌 외국어!"

알파벳만 보고도 어떤 나라의
어떤 언어인지 알고,
사전만 있으면 얼추 번역이 되고,
자다 벌떡 일어났어도
간단표현과 인사 정도는 나눌 수 있다!
이 정도는 돼야
**'말로만 글로벌'을
면할 수 있다능 ... ^0^**

interest

"재미3아, 놀이3아,
제3의 외국어!"

독일제 자동차, 프랑스 명품 가방 ...
몰고 달고 다니는 게 다가 아닙니다.
명품에 대한 애정이 손톱, 아니
아메바 비듬만큼이라도 있다면
그 나라와 문화 그리고 언어에 대한
관심도 가져주십시오.
**그렇다면 여러분이 제대로
우아하게 보일 것입니다.**

It makes learning
a language fun and fast.

**minus
mind
Map**
It's real, it's easy
and it's practical!

마이너스 마인드 맵!
아놔~! 막무가내식 마이너스 마인드 맵!

제3의 외국어들

**❶
인사표현만 달랑 배우고
냅따 때려칠 경우!**
(인사표현 / 간단표현)

인사표현

간단표현

짤막짤막한 국가대표급 인사표현들을
만날 수 있습니다.
다른 건 몰라도 나라별로 언어권별로
인사말 정도는 챙길 수 있습니다.
한 발짝만 더 나아가서 간단한 표현 몇
가지를 기억해 둔다면
여러분은 '센스쟁이 교양인'으로 오해
받을 수도 있습니다! ʊ

그래도 이게 어딥니까?

Easy
It makes learning
a language fun and fast.

이 책을 느끼면서 뜯어 드시는 방법!

-3m · mmm

 알파벳

발음법

❷ 알파벳만 배우고 곧바로 그만 둘 경우!
(알파벳 / 발음)

대부분의 유럽어는 알파벳을 기본으로 합니다.
영어 알파벳을 아는 대한민국 사람 누구든지
해당 언어의 알파벳을 새로 익히는 건 일도 아닙니다.
순식간에 '누워서 슈크림빵 먹기' 라고나 할까요.

알파벳을 안다는 것은 기본적인 발음법에
바짝 접근했다는 얘깁니다.
약간의 추가적인 규칙만 더 익히면 곧바로 문장을 읽을 수가 있죠.
뭔 내용인지는 몰라도 소리 내어 읽을 수 있다면,
이거야말로 뽀대 작살이죠.

그래도 이게 어딥니까?

  숫자

 시간

❸ 숫자랑 시간만 간신히 끝낼 경우!
(숫자 / 시간)

숫자를 알면 물건값, 밥값을 계산할 수 있습니다.
물론 작업 대상자의 핸폰 번호도 딸 수 있고요.
그리고 시간을 말할 줄 알면
현지에서 기차도 안 놓칠 것이고,
그녀와의 데이트 시간도 잡을 수 있겠습니다.
(여행 가면 급한 불은 끌 수 있다구~!)
숫자만 알아도 이렇게 되는 일이 많은데,
그렇다면 이게 어딥니까?

마이너스 마인드 맵! minus mind map
마이너스 마인드 맵은 학습자가 한
최소한의 학습량만으로 기대할 수 있는
학습 효과를 알려줍니다.

 Take the Pleasure of Learning!
It makes learning a language fun and fast.

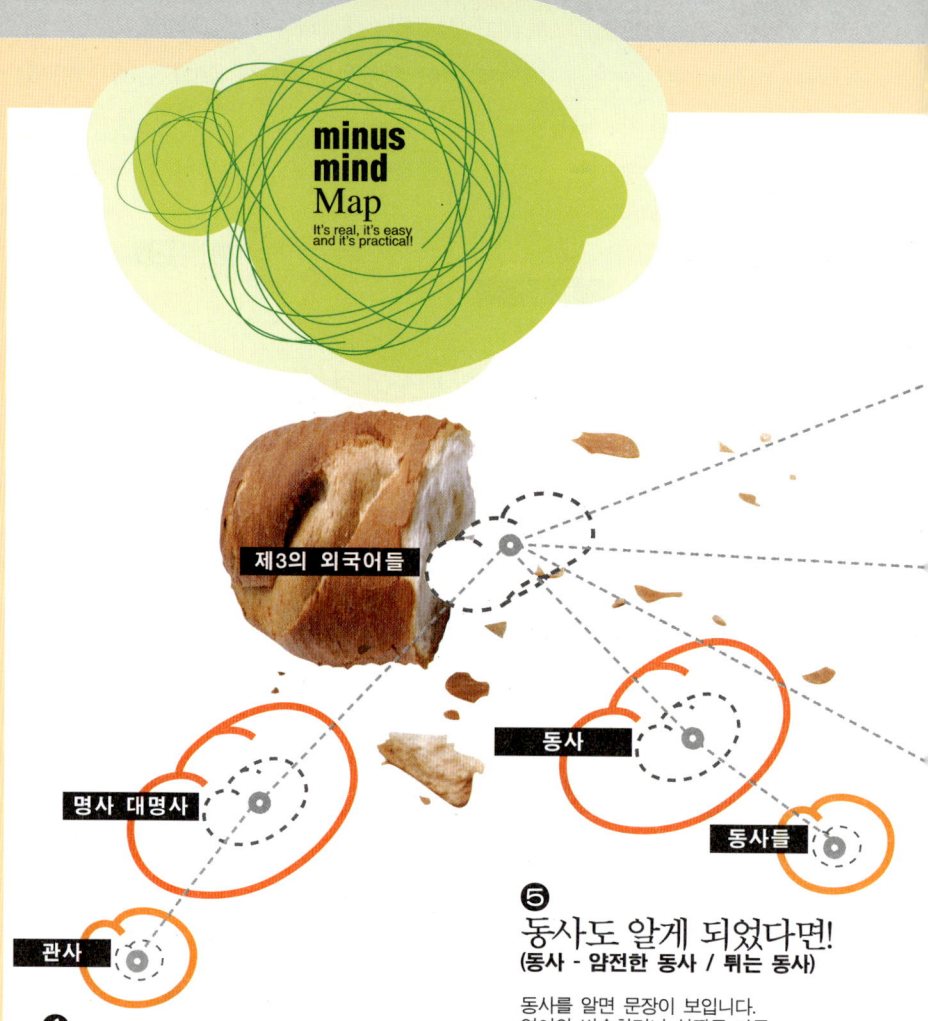

minus
mind
Map

It's real, it's easy
and it's practical!

제3의 외국어들

동사

명사 대명사

동사들

관사

❹
명사와 通했을 경우!
(명사/대명사, 관사/정관사
-부정관사)

명사의 앞에 나와 명사의 성격을 미리 알려주는 관사!
우리말엔 없어서 다소 낯설 수도 있지만,
관사를 만나면 명사와 더욱 확실하게 친해질 수 있습니다.
아기자기한 관사의 세계! 골라서 써먹는 재미가 있답니다.
이제부턴 이거다, 저거다 확실하게 말할 수 있습니다.

❺
동사도 알게 되었다면!
(동사 - 얌전한 동사 / 튀는 동사)

동사를 알면 문장이 보입니다.
영어와 비슷하거나 살짝쿵 다른
동사들을 만나 조금씩 친해지시면,
완전한 문장을 만들고, 말하고
하는 것이 슬슬 가능해집니다.
바야흐로 행동과 관련해서
말할 수 있는 단계가 됩니다.

-3m · mmm

형용사

형용사들

❻ 형용사와 만나면!
(형용사)

여러분의 제3 외국어가 훨씬 예뻐질 것입니다.
알록달록한 형용사의 재미를 느낄 수 있답니다!

전치사

❼ 전치사는 짧다!
(전치사)

짧은 전치사 한마디가 긴 문장을
완벽하게 대신할 수 있습니다.
'전치사+몸짓, 발짓' 만으로 웬만한
소통이 가능합니다.
짧고 굵은 거 좋아하시면
전치사를 꽉 잡으세요!
단어 하나로 의사소통이 된다는데,
이게 어딥니까?

나머지 문법들

❽ 아뵤~! 그냥 끝까지 달려!
(나머지 문법들)

여기까지 배우셨다면 나머지 문법들을
마저 끝내십시오!
여기까지 왔는데 더하고 빼고 할 거 뭐 있어요!
그냥 끝까지 달려주쎄엿!

Take the Pleasure of Learning!
It makes learning a language fun and fast.

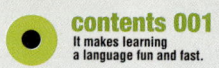

contents 001
It makes learning
a language fun and fast.

contents ■ Teach Yourself Languages

It makes learning
a language fun and fast.
001

It makes learning
a language fun and fast.
002

It makes learning
a language fun and fast.
004

It's real, it's easy and it's practical!

contents

Take the Pleasure of Learning!
It makes learning a language fun and fast.

contents　Teach Yourself Languages

Easy
It makes learning
a language fun and fast.

contents 002
It makes learning
a language fun and fast.

contents | Teach Yourself Languages

It makes learning
a language
fun and fast.
012

It makes learning
a language fun and fast.
011

It makes learning
a language fun and fast.
013

It's real, it's easy and it's practical!

Take the Pleasure of Learning!
It makes learning a language fun and fast.

It makes learning
a language fun and fast.
016

It makes learning
a language fun and fast.
017

It makes learning
a language fun and fast.
018

It makes learning
a language fun and fast.
019

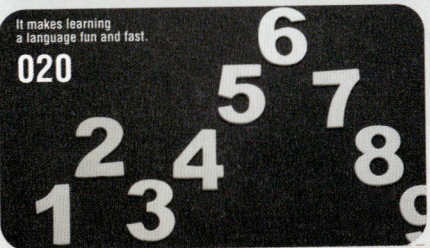

It makes learning
a language fun and fast.
020

contents | Teach Yourself Languages

Fun
It makes learning
a language fun and fast.

contents 003
It makes learning
a language fun and fast.

It's real, it's easy and it's practical!

contents | Teach Yourself **Languages**

Take the Pleasure of Learning!
It makes learning a language fun and fast.

contents

Take the Pleasure of Learning!
It makes learning a language fun and fast.

Teach Yourself Languages

Take the Pleasure of Learning! It makes learning a language fun and fast.

samba

Pão

Pelé

Bossa Nova

 Easy
It makes learning
a language fun and fast.

 **Fun**
It makes learning
a language fun and fast.

 Quick
It makes learning
a language fun and fast.

Tá bom.

Carnaval

001
반갑다 브라질 포르투갈어!
'따봉!'

Tá bom. [따 봉.]

발음 (1) 정말 친숙한 포르투갈어 표현

이미 우리말인 것처럼 쓰고 있는 포르투갈어 표현이나 단어들로
어떤 것이 있을까요? 요즘 잘 나가는 외국어, 포르투갈어의 세계로
지금 바로 떠나볼까요?

TPL ^L^ Take the Pleasure of Learning! It makes learning a language fun and fast.

기다리던 브라질 포르투갈어 첫 시간!

기분이 좋을 때 무심결에 '따봉!' 이란 말이 절로 나오죠?
어린 아이부터 어른까지 즐겨 쓰는 이 표현은 이제는 생활 속 깊숙이 들어와 우리의 삶을 훈훈하게 해주고 있습니다.

Tá bom.

[따 봉.] 좋아.

모 음료회사의 텔레비전 광고 이후 전 국민이 일순간 사랑에 빠진 표현! 브라질 사람들은 이 표현을 할 때 엄지손가락을 위로 치켜 올리면서 말해요. 기분이 만땅일 때는 양손의 엄지손가락을 동시에 위로 올리면서 '따봉!' 을 날려주고요.

(원래는 '~인 상태이다' 라는 뜻의 동사 estar [이스따르]에 '좋은' 이란 단어 bom [봉]이 만나 만들어진 Está bom. [이스따 봉]입니다. 그런데 구어에서 짧게 '따 봉.' 이라고 발음하죠. 포르투갈어의 단어 끝에 오는 m은 앞의 모음을 콧소리로 만들어 버리는 매력적인 철자랍니다.)

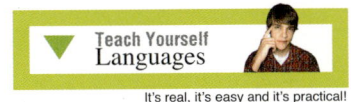

'빵' 은 원래 어느 나라 말이었을까요?

생활습관이 많이 바뀌면서 아침 식사를 빵으로 대신하는 사람들이 많아졌는데
요, 이 단어는 원래 포르투갈어에서 온 단어예요. **Pão** [뻐웅]이란 발음이 우리나
라 말과 한솥밥을 먹게 되면서 '빵' 으로 변한 거죠. 혹시 이미 아시고 계셨나요?
Pão [뻐웅]은 '신이 주신 선물' 이란 의미를 담고 있습니다.

(철자 **a** 위에 '~' 가 붙어 있으면 콧소리로 발음하라는 표시입니다. 그래서 '아'
와 '어' 의 중간 발음에 'ㅇ' 받침이 붙은 느낌으로 발음하면 됩니다.)

Pão

[뻐웅] 빵

브라질 포르투갈어! 한번 푹 빠져봅시다!

브라질 포르투갈어는 이제 여러분의 경쟁력입니다.
과거 우리나라 사람들 대부분이 브라질에 대해 거의 알지 못했던 시절이 있었
습니다.

제가 브라질에 유학 갔던 1980년대 후반에 그들 또한 대한민국이 어디에 붙어 있는지 잘 몰랐고요. 우리나라에서 땅속으로 똑바로 구멍을 뚫으면 아르헨티나가 나온다고 하죠? 브라질은 바로 아르헨티나 옆에 있어요. ^__^ 어쨌거나 지구 정반대 편의 브라질에서는, 우리나라가 88 올림픽과 2002 월드컵을 치르면서부터 대한민국에 대한 인식과 관심이 남다르게 변했습니다. 게다가 브라질은 이미 경제 대국 8위에 드는 국가가 되었고, 2014년 월드컵과 2016년 올림픽을 앞두고 있습니다. 월드컵과 올림픽을 통해 브라질은 엄청난 발전을 준비하고 있고, 세계 속의 위상 또한 커다란 변화를 이루게 될 것으로 기대하고 있습니다.

(아래의 표현, 좀 길긴 한데요, 자세한 발음법은 3과와 4과에서 설명을 드릴 예정이니 일단 원어민의 발음을 따라 해보도록 하세요.)

A Copa do Mundo

[아 꼬빠 두 뭉두] 월드컵

As Olimpíadas

[아즈 올링삐아다스] 올림픽

여러분은 '브라질!' 하면 어떤 이미지가 떠오르세요?
뻴레, 호나우두요? 그렇죠. 자타가 공인하는 은하계 최고의 축구 강국이니까요.

축구 다음엔 역시 삼바를 꼽으시는군요. 화려하기로 유명한 카니발이 먼저라고
요? 좋습니다. 어쨌건 이런 것들로 유명한 브라질에 보사노바도 있답니다. 2010
년 4월 **Bebel Gilberto** [베베우 지우베르뚜]가 먼저 내한 공연을 한 것에 이어
2011년 4월에는 보사노바의 창시자 중 한 명인 **João Gilberto** [쥬어웅 지우베
르뚜] (**Bebel Gilberto**의 아버지)란 브라질 가수가 내한 공연을 함으로써 보사
노바 팬들에게는 뜻 깊은 추억을 남겨주기도 했답니다. (단어의 끝이나 음절의
끝에 오는 l 은 '우' 에 가깝게 소리가 납니다.)

Pelé [뻴레] 펠레 (축구선수)

Ronaldo [호나우두] 호나우두 (축구선수)

samba [쌈바] 삼바

Carnaval [까르나바우] 카니발

futebol [푸찌보우] 축구

Bossa Nova [보싸 노바] 보사노바 (삼바와 재즈가 결합한 음악)

Bebel Gilberto [베베우 지우베르뚜] 베벨 질베르뚜 (보사노바 가수)

João Gilberto [쥬어웅 지우베르뚜] 쥬어웅 질베르뚜 (보사노바 가수)

Tom Jobim [똥 죠빙] 똥 죠빙 (보사노바를 대표하는 작곡가이자 가수)

브라질 인구 약 1억 9천만 명! 대단하죠? 단일국가 인구로 세계 5위이니까요. 영토 또한 장난이 아니게 큽니다. 남아메리카의 47.7%를 차지하는 제 5위 대국입니다. 브라질의 천연자원은 또 어떻습니까? 타의 추종을 불허하잖아요? 앞으로 유엔 안전보장 이사회 상임이사국이 될 가능성도 매우 높은 브라질에 여러분의 미래를 걸어보세요.

도전을 꿈꾸시는 여러분!

과거 포르투갈의 식민지였던 브라질은 포르투갈어가 모국어입니다. 오늘날 유럽 포르투갈어와는 언어적 체계가 다소 벌어져, 영어로 치자면 영국식 영어와 미국식 영어 정도의 차이가 있죠. 브라질 포르투갈어는 원주민 인디언들의 언어, 노예로 수입되었던 아프리카인들의 언어, 여러 대륙으로부터 이민 온 외국인들의 언어들이 섞이면서 변화를 거듭했습니다. 중요한 것은 변화의 모습이 우리 같은 외국인이 배우기 쉽게 간편화되었다는 것이죠. 앞으로는 간략하게 포르투갈어란 표현을 쓰겠지만, 아무튼 여러분은 저와 함께 브라질 포르투갈어를 배우고 계십니다.

브라질의 공항이나 일부 호텔, 유명 쇼핑센터 등에서는 영어만 해도 의사소통이 쬐끔은 되는데, 그 외에는 큰 기대를 하지 않으시는 게 낫습니다. 대신 브라질 사람들은 브라질 국민과 문화에 관심을 갖는 외국인에게는 한없이 정답고 기쁜 마음으로 대해줍니다. 역시! 이 또한 포르투갈어를 배우고 절대 후회하지 않으실 이유랍니다.

브라질~! 기다려, 내가 간다!!!

지난 2009년은 한국과 브라질 외교수립 50주년이었습니다. 모처럼 양국 간의 문화교류가 활발히 이루어졌던 한 해였죠. 국립극장에서 브라질 오케스트라 공연도 있었고 삼바 음악 등 브라질 밴드의 공연, 브라질 영화 상영도 있었습니다. 브라질 출신의 용병 축구선수들이 증가하고 그들의 활약 또한 심심찮게 **TV**에 나오고 있죠? 덕분에 '따봉!' 이란 말 한마디로는 만족할 수 없게 된 많은 분들이 "포르투갈어로 '나는 너를 좋아해!', '넌 정말 훌륭한 선수야!' 는 어떻게 말하는지 알려 주세요~!' 라고 문의해 오고 있어요. 이 책으로 공부를 하시면 이 정도 표현은 충분히 해결됩니다. *^__^*

최근 몇 년간 정말 많은 대학생, 일반인, 직장인들이 언어연수나 지역전문가로서 브라질을 향해 날아가고 있습니다. 많은 기업체가 진출하면서 브라질과 한국의 관계가 날로 긴밀해지고 있기 때문이지요. 물론 브라질 친구들의 한국 진출도 크게 늘고 있습니다.

  **Easy**
It makes learning
a language fun and fast.

  **Fun**
It makes learning
a language fun and fast.

 **Quick**
It makes learning
a language fun and fast.

002

포르투갈어로 반갑게 인사해요!
'뚜두 벵?'
Tudo bem?
[뚜두 벵?]
발음 (2) 인사표현
최소한의 포르투갈어 문법으로 주요 일상 표현에 도전합니다.

나의 경쟁력, 포르투갈어!

오늘은 또 어떤 하루가 펼쳐질까요?
오늘 성실하면 미래는 알차겠죠? 개인적인 경쟁력만이 아닌 우리 모두의 경쟁력을 갖추기 위해서 포르투갈어를 좀 더 알아보기로 합니다.
자! 그러면 포르투갈어로 인사는 어떻게 할까요?

Olá! [올라!] 안녕!

Oi! [오이!] 안녕!

서로 잘 아는 사이에서 격식 없이 상대를 부르거나 간단히 인사할 때 영어로 '하이!' (Hi!)라고 하죠? 포르투갈어에는 '올라!' (Olá!)와 '오이!' (Oi!)가 있습니다. '올라!' 는 '라' 를 크게, '오이!' 는 '오' 를 크게 발음해주세요. 친한 사이에 무조건 '하이!' 대신 쓰는 겁니다. 그런데 포르투갈어 '오이' 의 실제 발음이 우리나라의 '어이!' 와 거의 비슷해요. 그냥 우리식으로 '어이' 라고 해도 브라질 친구들은 당연히 브라질말로 인사한 줄 알 거예요. ^__^ 사실 우리도 '안녕하세요?' 를 '안녕하세여?' 에 가깝게 발음한다고 생각하신다면 공감이 가실 거예요.

 **Easy**
It makes learning
a language fun and fast.

 **Fun**
It makes learning
a language fun and fast.

 **Quick**
It makes learning
a language fun and fast.

이렇게 상대의 관심을 끌었다면, 다음엔 '잘 지내?'라는 인사가 나와야겠죠?
브라질에서는 서로 잘 아는 사이에 '뚜두 벵?'으로 인사를 나눕니다.

Tudo bem? [뚜두 벵?] 잘 지내?

Tudo bem. [뚜두 벵.] 잘 지내.

언제나 어디서나 '뚜두 벵?'이라는 인사 하나면 오케이! **Tudo bem?**은 '모든 것'이라는 뜻의 **tudo**와 '잘'이란 뜻의 **bem**이 합쳐진 인사입니다. 그러니까 '모든 일이 잘 되어 가니?'라는 의미를 담고 있는 거죠. 이따금씩 브라질 사람들이 **Tudo bem?** 대신 **Tudo bom?** [뚜두 봉?]으로 인사를 나누는데 **bom**은 '좋은'이란 의미의 형용사로 굳이 해석하자면 '모든 일이 좋은 상태냐?'라고 묻는 표현으로 보시면 돼요. (**tudo**의 '**o**'처럼 모음 **o**는 강세가 없는 자리에 올 때 '우'로 소리가 난답니다. 4과 강세규칙 참조)

이번에는 인사를 주고받아보는 시간이에요.
격식을 차려서 윗사람이나 잘 모르는 사람에게 하는 인사는 다음과 같습니다.
(**como** [꼬무] 어떻게, **vai** [바이] 지내다, **obrigado(a)** [오브리가두(다)] 감사합니다)

Como vai? [꼬무 바이?] 안녕하세요?

Bem, obrigado(a). [벵, 오브리가두(다).] 잘 지내요. 감사합니다.

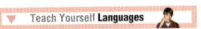

여기서 중요한 한 가지! 남성은 '오브리가두.' , 여성은 '오브리가다.' 라고 말해야 합니다. 꼭 기억해주세요. '뚜두 벵?' 이나 '꼬무 바이?' 라고 물어올 때 '뚜두 벵.' , '벵, 오브리가두(다).' 라고 대답한 다음에 '그럼 너는?' 이나 '그럼 당신은요?' 라고 말할 필요가 있겠죠? 다음과 같이 하시면 됩니다. ('당신' 이란 단어 앞의 **o**와 **a**는 각각 남성명사와 여성명사 앞에 쓰이는 관사입니다.)
(**e** [이] 그리고, **você** [보쎄] 너, **o senhor** [씽요르] 당신(남), **a senhora** [씽요라] 당신 (여), 부인)

E você? [이 보쎄?] 그런데 넌? (친한 사이나 아랫사람에게)

E o senhor / a senhora? [이 우 씽요르 / 아 씽요라?]

그런데 당신은요? / 부인은요? (격식을 갖출 때나 잘 모르는 사이에서)

그러면 이번엔 아침, 오후, 밤 인사 표현을 알아보기로 하겠습니다.
(**bom** [봉] 좋은(형용사 남성형), **boa** [보아] 좋은(형용사 여성형), **o dia** [지아] 하루, 낮, **a tarde** [따르지] 오후, **a noite** [노이찌] 밤)

Bom dia! [봉 지아] 안녕하세요. (아침 인사)
Boa tarde! [보아 따르지] 안녕하세요. (오후 인사)
Boa noite! [보아 노이찌] 안녕하세요. (밤 인사)

 **Easy** It makes learning a language fun and fast.

 **Fun** It makes learning a language fun and fast.

 **Quick** It makes learning a language fun and fast.

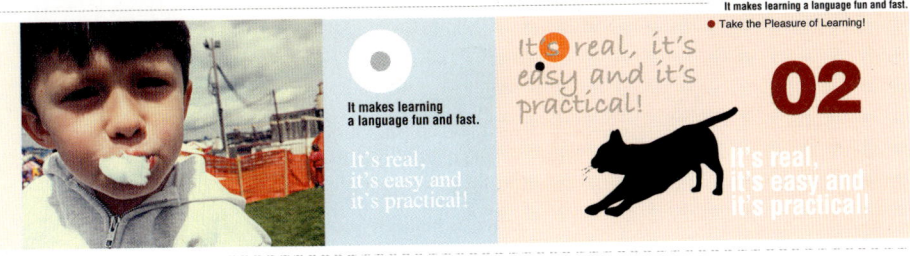

앞서 설명 드렸던 **bom**이 아침 인사 표현에서 또 나오죠? 바로 영어의 **good**에 해당하는데요, 오후 인사와 밤 인사에서는 **bom**(남성형)이 아닌 **boa**(여성형)가 쓰이고 있어요. 여기서 꼭 알아두어야 할 것 하나! 바로 포르투갈어의 명사는 남성과 여성으로 나뉜다는 겁니다. 이것이 중요한 이유는 포르투갈어의 명사는 그것을 한정해주는 말이나 수식해주는 말이 명사의 성과 수에 따라 달라지기 때문이에요. 그러니까 **bom**이나 **boa** 모두 '좋은' 이란 뜻의 형용사이지만, **dia**는 남성명사라서 **bom**을, **tarde**와 **noite**는 여성명사라서 **boa**를 써서 인사말을 만든 거죠. (자음 **d**와 **t**는 보통 'ㄷ', 'ㄸ' 으로 소리가 나는데 발음이 '이' 로 소리 나는 모음 앞에서는 'ㅈ', 'ㅉ' 으로 소리가 살짝 바뀝니다. '이' 로 발음될 수 있는 철자는 **i**와 **e** 딱 두 가지예요. **e**가 언제 '이' 로 소리 나는 지는 조금만 기다리시면 알게 됩니다. *^__^*) 우리와 달리 미소가 많은 브라질 사람들은 모르는 사이에서도 가벼운 눈인사나 '봉 지아!' , '보아 따르지!' , '보아 노이찌!' 하며 인사를 나눕니다.

이번에는 처음 만났을 때 하는 인사를 소개할게요.
(**muito** [무이뚜] 많은, **o prazer** [쁘라제르] 기쁨, **igualmente** [이과우멩찌] 마찬가지로)

Muito prazer. [무이뚜 쁘라제르.] (만나서) 정말 반가워.

Igualmente. [이과우멩찌.] 나도 마찬가지야.

muito는 형용사이고 **prazer**는 명사입니다. 이 두 단어가 만나면 '만나서 정말 반가워.' 란 의미를 만들어요.

'무이뚜' 를 빼고 '쁘라제르.' 라고 인사하면 '반가워.' 란 뜻이 되고, '이과우멩
찌.' 라고 말하는 대신 '쁘라제르.' 또는 '무이뚜 쁘라제르.' 라고 해도 좋습니
다.
(**tchau** [챠우] 안녕, **até** [아떼] 까지, **logo** [로구] 곧)

Tchau. [챠우.] 안녕.

Até logo. [아떼 로구.] 안녕. (영어의 **See you soon.**)

외국 영화에 자주 나오는 인사 '챠오' 는 이탈리아어에서 유래했다죠?
가끔 친한 사이에서 귀엽게 '챠챠우!' 라고 말하기도 한답니다.

살가운 볼키스!

브라질 사람들은 서로 만날 때나 헤어질 때, 초면이거나 잘 알지 못하는 사이
에서는 악수를 나눕니다. 잘 아는 사이에서는 우리와 달리 볼키스를 나누죠.
어른과 아이, 남자와 여자, 여자들 사이에서의 볼키스는 서로의 오른쪽 볼을
먼저 맞대며 입으로 '쪽' , 그리고 왼쪽 볼을 맞대고 또 한 번 '쪽' 하는 소리를
내는 게 보통이에요. 남자들끼리는 악수를 한 다음 서로의 등을 토닥거려 줍니
다.

Easy
It makes learning
a language fun and fast.

Fun
It makes learning
a language fun and fast.

Quick
It makes learning
a language fun and fast.

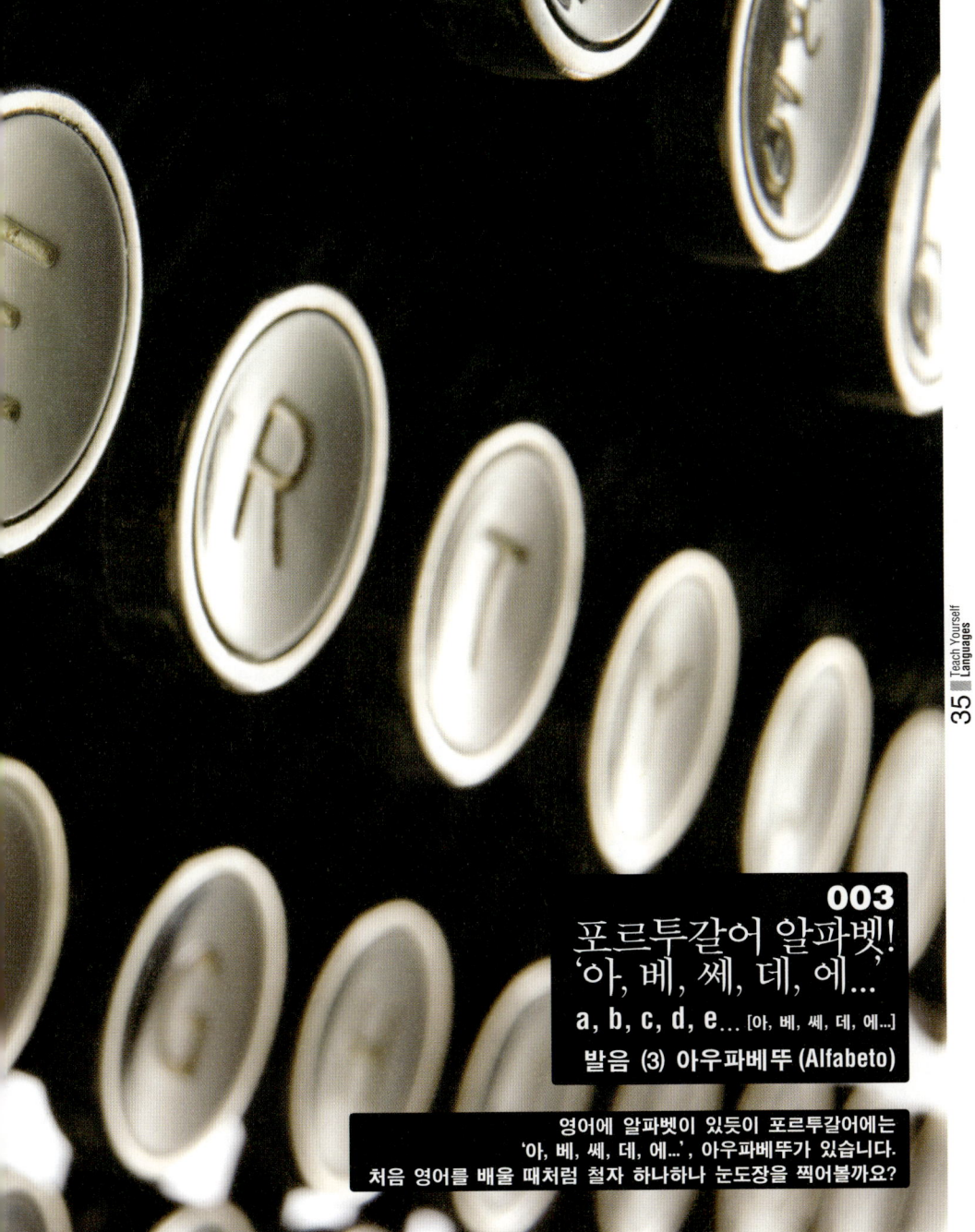

003

포르투갈어 알파벳!
'아, 베, 쎄, 데, 에...'

a, b, c, d, e... [아, 베, 쎄, 데, 에...]

발음 (3) 아우파베뚜 (Alfabeto)

영어에 알파벳이 있듯이 포르투갈어에는
'아, 베, 쎄, 데, 에...', 아우파베뚜가 있습니다.
처음 영어를 배울 때처럼 철자 하나하나 눈도장을 찍어볼까요?

Take the Pleasure of Learning! It makes learning a language fun and fast.

이런,이런! 영어 알파벳과 똑같아 혹시 실망하신 건 아니겠죠?
아우파베뚜를 읽어보기 전에 준비운동을 해보도록 하죠.
가능한 입을 크게 벌려 '아, 에, 이, 오, 우'라고 말하면서 입 주변 근육을
좀 풀어주세요. 이번에는 '하하, 헤헤, 히히, 호호, 후훗!'하면서 웃는 소리를
흉내내보시고요. 그리고나서 이제 아우파베뚜를 읽어보세요.

A a	B b	C c	D d
아[ㅏ]	베[ㅂ]	쎄[ㅆ, ㄲ]	데[ㄷ, ㅈ]
E e	F f	G g	H h
에[ㅔ, ㅣ]	애피[ㅍ]	줴[ㄱ, 쥐]	아가[묵음]
I i	J j	K k	L l
이[ㅣ]	죠따[쥐]	까[ㄲ]	앨리[ㄹ, ㅜ]
M m	N n	O o	P p
에미[ㅁ, ㅇ]	에니[ㄴ, ㅇ]	오[ㅗ, ㅜ]	뻬[ㅃ]
Q q	R r	S s	T t
께[ㄲ]	에히[ㅎ, ㄹ]	애씨[ㅅ, ㅆ, ㅈ]	떼[ㄸ, ㅉ]
U u	V v	W w	
우[ㅜ]	베[ㅂ]	다블류[ㅂ]	
X x		Y y	Z z
쉬스[쉬, ㅆ, ㅅ, ㅈ, ㄱㅆ]		입실롱[ㅣ]	제[ㅈ, ㅅ]

36 Teach Yourself Languages

Easy
It makes learning
a language fun and fast.

Fun
It makes learning
a language fun and fast.

Quick
It makes learning
a language fun and fast.

입꼬리가 귀에 걸린 듯 큰 미소를!

어색하신가요? 어디선가 읽은 적이 있는데 우리 인체에는 총 650개의 근육이 있다고 합니다. 그런데 우리가 진심으로 웃을 때 무려 231개의 근육이 움직인다고 해요. 정말 대단하죠? 모두가 잘 알고 있듯이 웃음은 질병예방은 물론 만병통치약! 참, 그것도 아시나요? 일설에 의하면 웃음을 통해 나오는 엔도르핀 등 호르몬 분비가 체지방 분해까지 도와서 살을 빼는 데도 엄청 효과가 좋다는 거! ^__^ 3분 동안 웃으면 무려 11kcal나 소모된다니 놀랍죠? 에어로빅을 5분 동안 했을 때의 운동량과 맞먹는다네요. 그래서 저와 공부하는 포르투갈어, 진한 미소와 경쾌함으로 함께 하셨으면 좋겠습니다.

포르투갈어의 자음과 모음은 총 26개입니다.
그 중 모음 5개를 먼저 살펴보도록 할게요.
앞에서 입 운동할 때 해봤던 발음 **A a** [아], **E e** [에], **I i** [이], **O o** [오], **U u** [우]가 바로 그것들인데요, 아우파베뚜를 읽을 때처럼 그대로 소리가 납니다.

cinema [씨네마] 영화관

uva [우바] 포도

amor [아모르] 사랑

포르투갈어의 결정적 특징!

포르투갈어에는 영어에 없는 결정적인 특징이 있습니다. 모음에 붙는 강세가 바로 그것이죠. 강세는 모두 세 개가 있습니다. 1) 열린 음(입을 크게 벌리고 내는 소리)의 강세표시인 '´' **agudo** [아구두]와, 2) 닫힌 음(입을 조금 벌리고 내는 소리)의 강세표시인 '^' **circunflexo** [씨르꿍플렉쒸], 그리고 마지막으로 3) 비음(콧소리)의 강세표시 '~' **til** [찌우]가 있답니다. 마지막의 '~' 는 모음 **a**나 **o** 위에만 옵니다.

caf**é**	[까페]	커피
voc**ê**	[보쎄]	너
maç**ã**	[마쌍]	사과

포르투갈어 역시 영어처럼 단어는 음절로 나뉩니다.
음절은 자음과 모음으로 구성되는데, 모음 단독으로 한 음절을 이루기도 합니다. 그리고 한 가지 유념하셔야 할 부분은, 아우파베뚜 중에 자음 **m**과 **n**을 비음자음이라고 하는데, 이 친구들이 단어의 끝이나 음절의 마지막에 올 때는, 앞의 모음을 콧소리로 만들어 버립니다.

bo**m**	[봉]	좋은
a**n**jo	[앙쥬]	천사

Easy
It makes learning
a language fun and fast.

Fun
It makes learning
a language fun and fast.

Quick
It makes learning
a language fun and fast.

간단히 정리해볼게요.

똑똑 부러지는 듯한 느낌의 스페인어와 달리 부드럽고 낭만적으로 들리는 포르투갈어의 비장의 카드는 콧소리! 바로 **Ã, Õ**, 음절 마지막에 오는 **AM, AN, EM, EN, IM, IN, OM, ON, UM, UN**이 있기 때문에 가능한 거랍니다. 한번 따라 해 보세요. 먼저 비음 표시가 있는 모음 '앙, 옹' 을 발음하신 후 잠시 쉬셨다가 이어서 순서대로 읽어주시는 거예요.

'앙, 앙, 엥, 엥, 잉, 잉, 옹, 옹, 웅, 웅 ~'

관심을 받고 싶어 하는 두 모음 **e**와 **o**

이렇게 아우파베뚜 중에서 모음 '**a, e, i, o, u**' 를 알아보았는데요. 그 중에서 **e** 는 'ㅔ'와 'ㅣ'의 음가를, **o**는 'ㅗ'와 'ㅜ'의 음가를 가지고 있다고 아우파베 뚜 도표에서 말씀드렸죠? 이 두 모음은 강세가 없는 음절에서는 약한 모습을 보이는데, 원래의 음가와는 약간 다르게 소리가 납니다. 철자 **e**는 '이', **o**는 '우' 로 발음되기도 하거든요. (4과를 참고해주세요.)

이 정도면 모음에 관한 것은 모두 설명해드린 셈입니다. 정말 쉽죠?

다음 단어의 발음을 통해 지금까지의 모음 발음법을 확인해 보세요.

sorte [쏘르찌] 행운

São Paulo [써웅 빠울루] 상파울루

우리나라 기업체의 이니셜 읽는법!

친근한 이미지의 로고, 남미의 성공 기업으로 유명한 엘지,
긴 안목으로 일찍부터 브라질 지역전문가를 꾸준히 배출해온 삼성,
상파울루 주에 자동차 공장을 건설하는 현대.

약 150개 정도의 많은 한국 기업이 이미 브라질에 진출해 활동하면서,
예전과 달리 브라질 사람들이 한국의 기업명을 우리말 비슷하게 읽을 줄 알게
되는 바람직한 현상이 일어나고 있습니다. 사실 몇 해 전까지만 해도
Samsung을 '쌍쑹기', **Hyundai**를 '휸다이' 라고 읽는 사람들이 많았거든요.
대표적인 글로벌 한국 기업의 이름을 브라질에서 어떻게 읽는지 알아볼까요?

Hyundai	[현다이]	현대
Samsung	[쌍쑹]	삼성
LG	[엘리줴]	엘지

참고로 브라질 사람들이 점점 더 많이 쓰고 있는 영어 표현 중에서 **shopping**
이란 단어를 보면, 과거에 '쇼삥기' 라고 발음했었지만 지금은 영어식으로 읽
는 게 보편화되면서 '쇼삥' 이라고 깔끔하게 발음하는 사람이 많습니다.

> **현지인의 발음 :** 리우 주에서는 r 을 강하게 굴려 [ㅎ]로,
> 단어의 마지막에 오는 s 를 [쉬]로 발음하는 경향이 있습니다.
> 아울러 상파울루 주와 리우 주에서는 마지막에 [ㅅ]로 발음 되는
> 몇몇 단어 앞에 짧고 약한 [이] 발음을 삽입하기도 합니다.

Easy
It makes learning
a language fun and fast.

Fun
It makes learning
a language fun and fast.

Quick
It makes learning
a language fun and fast.

기회와 약속의 땅, 브라질!

브라질에서 성공을 꿈꾸는 분들이 많을 거라 생각합니다.
점점 더 많은 기회와 고도성장을 예고하고 있는 브라질이 분명 약속과 기회의
땅이 되리라 저는 확신하고 있습니다. 최근 몇 년 사이 포르투갈어 구사자를
우대한다는 채용공고가 국내 굴지의 기업체뿐만 아니라 중소기업 채용공고에
서도 많이 나오고 있습니다. 불과 몇 년 전만 해도 볼 수 없었던 현상이죠. 기회
를 보았다면 놓치지 마십시오, 먼저 찾아 온 기회가 더 큰 법입니다.

현지인들과 의사소통이 어려우면 타국에서의 도전이 더 힘들겠죠?
대신 그 나라 말과 문화를 익히면 그만큼 수월하게 원하는 일을 해낼 수 있을
거고요. 그래서 여기 제가 여러분께 성공을 기원하는 마음에서 드리는 말씀!
(**boa** [보아] 좋은, **a sorte** [쏘르찌] 행운)

Boa sorte!

[보아 쏘르찌]
행운을 빌어요!

Boa sorte!

Easy
It makes learning
a language fun and fast.

 **Fun**
It makes learning
a language fun and fast.

 Quick
It makes learning
a language fun and fast.

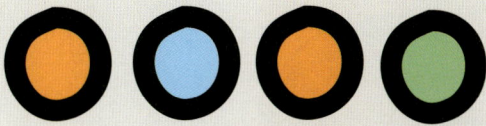

004
포르투갈어 읽는 법 완전정복!
'브라질' 을 내 손안에!

Brasil [브라지우]

발음 (4)

브라질 사람들은 각종 행사 때 녹색과 노란색을 주로 쓰는데요,
녹색은 울창한 산림을, 노란색은 금 등의 천연자원을 의미합니다.
브라질 국기 중앙의 지구본 안에 있는 별은
1개의 연방특구와 26개 주를 가리킵니다.

Take the Pleasure of Learning! It makes learning a language fun and fast.

떠나요, 브라질 도시여행!

우리에게 이미 친근한 브라질의 몇몇 도시들이 있습니다. 좀 더 나아가서 이번에는 브라질의 주와 도시의 이름들을 알아보며 자음 발음법을 마스터해 보기로 하죠. 일단 읽을 줄 알아야 본토 발음으로 어느 지역에 대해 안다고 자신 있게 말할 수 있을 테니까요~.

자음 b

먼저 브라질의 수도 브라질리아입니다.
자음 **b**는 'ㅂ'으로 발음됩니다.
아우파베뚜 표에서 1개의 음가로만 소개된 자음들은 **b** [ㅂ], **f** [ㅍ], **j** [쥐], **k** [ㄲ], **p** [ㅃ], **q** [ㄲ], **v** [ㅂ], **w** [ㅂ], **y** [ㅣ]였는데, 모음 앞에 이들의 음가만 넣어서 발음하면 되니까 무리 없이 익히실 수 있을 거예요. 참고로 **f**, **v**, **w**는 윗니가 아랫입술을 스치며 나는 소리입니다.

Brasília [브라질리아]   브라질리아

자음 c

자음 **c**는 **a**, **o**, **u**와 만나면 각각 '까, 꼬, 꾸'로 발음됩니다.

Take the Pleasure of Learning! It makes learning a language fun and fast.

그런데 **c**가 모음 **e**, **i**와 만나면 '쎄, 씨' 로 발음되는데, 그래서 세 번째 예문을 '쎄아라' 라고 읽습니다. 여기서 한 가지! 아우파베뚜에는 들어가지 않지만 **c** 에 쉼표(,)를 붙여 만든 '**ç**' 도 있습니다. 모음 **a**, **o**, **u**와 만날 때도 'ㅆ' 으로 발음되도록 만든 거랍니다. 그래서 **ça** [싸], **ce** [쎄], **ci** [씨], **ço** [쏘], **çu** [쑤]가 됩니다.

Copacabana [꼬빠까바나]   코파카바나 (리우 주의 해변이름)
Curitiba [꾸리찌바]   꾸리찌바 (남부의 세계적인 생태도시)
Ceará [쎄아라]   쎄아라 (북동부 지역의 주)
Foz do Iguaçu [포스 두 이과쑤]   이과수 폭포가 있는 지방

자음 g

g는 **a**, **o**, **u** 앞에서는 'ㄱ', **e**와 **i** 앞에서는 '쥐' 로 소리 나는데요, 모음 **u**와 함께 **e**나 **i** 앞에 온 형태인 **gue**, **gui**는 '게' , '기' 로 읽습니다. 내친김에 '가, 게, 기, 고, 구' 는 **ga**, **gue**, **gui**, **go**, **gu** 입니다.

Minas Gerais [미나스 줴라이스] 미나스 제라이스 (남동부 지역의 주)

자음 h

자음 **h**는 묵음입니다. 그런데 조용하지만 상당한 저력이 있는 철자예요.
h는 단어의 중간에 혼자 쓰이는 법이 없는 게 특징인데 **c**, **l**, **n**과 함께 쓰여 이중철자 **ch**, **lh**, **nh**를 만들어요. 다섯 모음 자매 '**a**, **e**, **i**, **o**, **u**' 와 **ch**가 만난

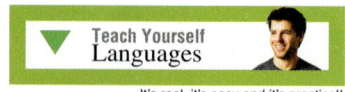

Teach Yourself
Languages

It's real, it's easy and it's practical!

cha, che, chi, cho, chu는 '샤, 쉐, 쉬, 쇼, 슈' 로 발음합니다. 그리고 lh가 만나면 lha, lhe, lhi, lho, lhu 인데요, 앞의 모음 받침에 'ㄹ' 을 붙여주면서 'ㄹ야, ㄹ예, ㄹ이, ㄹ요, ㄹ유' 로 발음한답니다. 마지막으로 nh가 만난 nha, nhe, nhi, nho, nhu는 앞 모음의 받침에 콧소리 ㅇ과 연달아 내는 소리 'ㅇ야, ㅇ예, ㅇ이, ㅇ요, ㅇ유' 로 발음합니다.

Bahia [바이아] 바이아
(아프리카 문화가 가장 많이 남아 있는 주)

Porto Velho [뽀르뚜 벨유] 뽀르뚜 벨유
(홍도니아 주의 주도)

Fernando de Noronha
[페르낭두 지 노롱야] 페르낭두 지 노롱야 (섬)

자음 l

자음 l은 모음 앞에서 'ㄹ' 로 발음되는데, 음절 마지막에 올 때는 '우' 에 가깝게 소리 납니다.

Fortaleza [포르딸레자] 포르딸레자
(쎄아라 주의 주도)

Brasil [브라지우] 브라질

자음 m과 n

● **Easy**
It makes learning
a language fun and fast.

● **Fun**
It makes learning
a language fun and fast.

● **Quick**
It makes learning
a language fun and fast.

 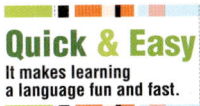 

자음 **m**과 **n**은 각각 'ㅁ, ㄴ'으로 발음되지만, 앞 장에서 말했듯이 음절의 마지막에 오면 앞 모음을 비음으로 만든답니다. (아우파베뚜 표에는 'ㅇ'으로 표시)

Manaus	[마나우스]	마나우스 (아마조나스 주의 주도)
bonde	[봉지]	케이블 카
bem	[벵]	잘, (건강이) 좋은

자음 q

자음 **q**는 언제 어디서나 모음 **u**와 함께 쓰이면서 'ㄲ'로 소리 납니다. 모음 **e**나 **i** 앞에 오는 **que**와 **qui**는 '께', '끼'로 발음합니다. 여러분은 '언제' 브라질에 가시나요? (사실 **q**로 시작하는 유명한 도시가 없어서요~. *^^*)

Quando? [꽝두?] 언제요?

자음 r

자음 **r**는 단어의 맨 앞이나 철자가 겹친 형태 **rr**로 올 때는 'ㅎ', 그 외에는 'ㄹ' 발음이랍니다.

Rio de Janeiro [히우 지 자네이루] 리우 데 자네이루 (남동부의 주)
Salvador [싸우바도르] 살바도르 (북동부 바이아 주의 주도)

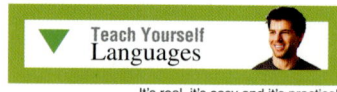

▼ **Teach Yourself Languages**

It's real, it's easy and it's practical!

자음 s

자음 **s**는 보통 'ㅆ' 로 소리가 납니다. 그런데 '브라질리아' 에서처럼 모음 사이에 오거나 **m** 앞에 오면 'ㅈ' 로 소리 나고 그 외 자음 **p**, **t** 앞 또는 단어의 마지막에 올 때는 'ㅅ' 로 발음합니다.

Santa Catarina

[쌍따 까따리나] 쌍따 까따리나 (남부의 주)

자음 d와 t

자음 **d**와 **t**는 보통 'ㄷ, ㄸ' 로 각각 발음됩니다. 그런데 발음이 '이' 로 소리나는 모음 앞에서는 'ㅈ, ㅉ' 로 발음됩니다.

자음 x와 z

자음 **x**는 어두의 **ex** 다음에 모음이 올 때는 'ㅈ', 자음이 오면 'ㅅ' 이고 사전에 발음기호 '**cs**' 가 표기되어 있으면 'ㄱ ㅆ', 그외에는 '쉬' 나 'ㅆ' 로 발음합니다. 자음 **z**는 어미에 올 때는 'ㅅ', 그외에는 'ㅈ' 로 발음합니다. (아래 강세규칙 참조)

마지막 발음 종결자, 강세규칙!

첫째, ' ′ ' (열린 음), ' ^ ' (닫힌 음), ' ~ ' (비음) 표시가 있으면 해당 음절을 강하게 발음!

Take the Pleasure of Learning! It makes learning a language fun and fast.

ônibus [오니부스] 버스　　　　**irmã** [이르망] 여동생, 언니, 누나

둘째, 강세부호가 없을 때는 무조건 뒤에서 두 번째 음절을 강하게 발음!

cidade [씨다지] 도시　　　　**estrela** [이스뜨렐라] 별

셋째, **-i, -u, -l, -r, -z**로 끝나는 단어는 마지막 음절을 강하게 발음!
-i, -u에 비음자음 **n**이나 **m**이 붙는 경우에도 마지막 음절을 강하게!

aqui [아끼] 여기　　　　　　**xampu** [샹뿌] 샴푸
amor [아모르] 사랑　　　　　**feliz** [펠리스] 행복한
jardim [쟈르징] 정원　　　　**bumbum** [붕붕] 엉덩이

마지막으로, 이중모음(온모음 + 반모음, 반모음 + 온모음)이 단어의 마지막이
나 뒤에서 두 번째 음절에 위치할 때는 두 모음 중 앞의 모음을 강하게 발음!

lei [레이] 법　　　　　　　　**coisa** [꼬이자] 것, 사물

자, 이런 규칙을 염두에 두고 위의 단어를 다시 한 번 읽어주세요~!

você
e
eu

 Easy
It makes learning
a language fun and fast.

 Fun
It makes learning
a language fun and fast.

 Quick
It makes learning
a language fun and fast.

005

'너 + 나', 우리는 친구!
그와 그녀는 무슨 사이?

você e eu [보쎄 이 에우]
주격인칭대명사, 수 (1)

우리는 살면서 많은 인연을 만들어 갑니다.
삶은 인연의 연속이죠.
이번에는 나, 너, 우리, 너희들을 의미하는
인칭대명사를 만나보도록 하겠습니다.

Take the Pleasure of Learning! It makes learning a language fun and fast.

Easy
It makes learning
a language fun and fast.

6명만 걸치면 세계 모든 사람과 연결된다!

이것도 옛말이 되어버릴 시점입니다.
케빈 베이컨의 6단계 법칙이 무색할 정도의 시대가 도래한 거죠.
소셜네트워크 페이스북이나 트위터에 많은 사람들이 가입하면서, 친구 만들
기가 쉬워지고 누군가의 말도 한순간에 전 세계로 퍼질 수 있게 되었으니 말이
에요. 직접 만나지 않고도 브라질 친구를 사귀는 방법이 참 많아졌습니다.
(**e** [이] 그리고)

eu [에우] 나 　　　　　　　**você** [보쎄] 너
ele [엘리] 그 　　　　　　　**ela** [엘라] 그녀
nós [노스] 우리 　　　　　　**vocês** [보쎄스] 너희들
eles [엘리스] 그들 　　　　　**elas** [엘라스] 그녀들
você e eu [보쎄 이 에우] 　　너와 나
ela e eu [엘라 이 에우] 　　그녀와 나
ele e ela [엘리 이 엘라] 　　그와 그녀

'나'는 1인칭이죠? '너, 당신'은 대화상에서 2인칭이고요.
그런데 포르투갈어에서는 '너, 당신'이 2인칭 기능을 하면서도 문법적으로는
3인칭이랍니다. 원래는 각 인칭마다 인칭대명사가 있었지만 오늘날의 2인칭
대명사가 원래는 3인칭이었기 때문에, 원래 3인칭인 '그, 그녀'와 같은 범주에
있다는 거에요. 좋은 점은 동사를 배울 때 '1, 2, 3인칭'의 형태를 다 외우지 않
아도 된다는 겁니다. 다시 말씀드리면 1, 3인칭의 형태만 배우면 되는 거죠.

Easy
It makes learning
a language fun and fast.

Fun
It makes learning
a language fun and fast.

Quick
It makes learning
a language fun and fast.

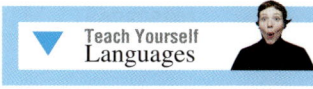

브라질 포르투갈어가 정말 우리 같은 외국인이 배우기 쉽도록 변해가고 있습니다. 그리고 '우리' 는 1인칭 복수, '너희들, 당신들' 은 대화상에서는 2인칭이지만 문법적으로 3인칭 복수, '그들, 그녀들' 은 당연히 3인칭 복수입니다. 상파울루나 리우에서는 **nós**와 **vocês**를 각각 '노이스', '보쎄이스' 라고 읽기도 합니다.

'우리' 란 의미로 쓰이는 보통명사 하나 더!

a gente [아 쩽찌] 우리

위의 **a gente**는 특히 구어에서 '**nós**' 를 대신하는데, 원래는 '사람' 이란 의미의 보통명사이지만 인칭대명사처럼 사용되기도 합니다. 문법적으로 인칭은 '3인칭' 이고 단수로만 쓰여요.

포르투갈어에서의 you

잠깐, 여기서 간단히 설명을 드릴 게 더 있습니다. 브라질에서는 영어의 **you**에 해당하는 단어가 **você** 말고도 또 있습니다. '당신' 에 해당하는 격식을 차릴 때 쓰는 표현으로, 처음 만난 사이거나 윗사람에게 적합한 단어예요. 남성을 존칭할 때는 **o senhor**, 여성을 존칭할 때는 **a senhora**, 복수로 표현할 때는 각각 **os senhores**, **as senhoras**를 씁니다. 존칭문화가 발달한 우리말에는 상대를 존칭할 대표 단어가 없다고 해도 과언이 아니죠. 상대의 직함을 불러주거나 아예 생략을 할 때가 더 자연스러우니까요. 아무튼 괄호 안에는 다음 단어가 어떻게 쓰이는지 이해하실 수 있도록 아는 말들을 총출동 시켜보겠습니다. 참고로 명사 앞의 **o**, **a**, **os**, **as**는 명사의 성과 수를 가리키는 정관사예요.

o senhor [우 씽요르]　　　　당신 (선생님, 아저씨)

a senhora [아 씽요라]　　　　당신 (아주머니, 부인, 여사)

os senhores [우스 씽요리스]　당신들 (선생님들, 아저씨들)

as senhoras [아스 씽요라스]　당신들 (아주머니들, 부인들, 여사들)

이 형태들은 다른 인칭대명사와 달리 관사가 붙습니다. 그 이유는 보통 명사였던 이 단어들이 인칭대명사로서의 기능도 갖고 있기 때문입니다. 말하자면 모습은 보통명사, 기능은 인칭대명사인 셈이죠. 게다가 고유명사와 함께 쓰이면 영어의 **Mr.**, **Mrs.**의 뜻도 되는데, 성과 이름을 또는 성이나 이름을 자유롭게 붙여주면 됩니다. 다만 나이든 여성일 경우 성을 빼고 이름만으로 부를 때는 **senhora**보다 **dona**란 말을 선호합니다.

o senhor Minsoo

[우 씽요르 민쑤] 민수 씨

o senhor Tom Jobim

[우 씽요르 똥 쬬빙] 똥 쬬빙 씨

a senhora Marisa Monte

[아 씽요라 마리자 몽찌] 마리자 몽찌 부인

a dona Marisa

[아 도나 마리자] 마리자 부인

o senhor Park e a senhora Kim

[우 씽요르 박 이 아 씽요라 김] 박 씨와 김 여사

Easy
It makes learning a language fun and fast.

Fun
It makes learning a language fun and fast.

Quick
It makes learning a language fun and fast.

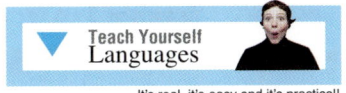

우리말로 번역을 해보니 은근 썰렁합니다만, 영어의 **you**에 해당하는 표현임을 확실히 아셨죠?

Tom Jobim과 Marisa Monte

예문에 나온 **Tom Jobim**은 우리에게도 친숙한 보사노바(**Bossa Nova**)의 대표곡 **Garota de Ipanema** [가로따 지 이빠네마] (이빠네마 해변의 아가씨, **The girl from Ipanema**)의 작곡자이자 **Bossa Nova**의 '대부'입니다. '이빠네마 해변의 아가씨' 는 듣는 이에게 정감과 낭만을 선사하는 명곡입니다. **Marisa Monte**는 브라질에서뿐만 아니라 국외에서도 잘 알려진 대중음악 가수로 손꼽히는데요, 노래가 감미롭고 아름다워서 많은 사람들에게 사랑을 받고 있습니다.

브라질 없는 월드컵은 없다!

1930년 제 1회 우루과이 월드컵에서부터 현재에 이르기까지 단 한 번도 거르지 않고 출전한 브라질. 유일하게 전 대회 출전이라는 신화를 거듭하는 브라질은 최다 5회 월드컵 우승을 기록했습니다. 1950년 제 4회 월드컵에 이어 월드컵을 두 번이나 개최하는 브라질, 많은 분들이 2014년에는 직접 브라질에 가서 월드컵을 보고싶어 합니다. 저와 함께 공부했던 몇 분도 여행비를 차곡차곡 모으고 있더군요. 티켓을 구하는 일도 하늘의 별따기 같을 겁니다. 티켓이 없어 경기장까지는 못 간다 해도 다른 축구팬들과 함께 광장이나 바에 모여 열심히 응원하면 되겠죠?

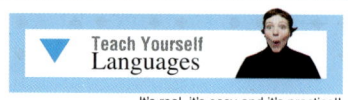
몇 대 몇이야?

집에서 축구를 보는 것만큼 재미없는 게 없다고 하던 친구가 생각나는군요.
바에서 응원한다면, 시원한 생맥주 '한 잔' 이라도 시킬 수 있어야겠죠? 바로
이 대목에서 우리에게 필요한 것은 숫자가 되겠습니다. 우선 0부터 10까지 숫
자를 소개해 드리겠습니다. 1과 2는 남성형과 여성형이 있는데 보통 '하나요!'
또는 '둘이요!' 하면서 주문을 할 때는 남성형을 써주시면 됩니다.
여러분은 2014년 결승전 후보 팀과 점수를 어떻게 예상하세요?
(**a** [아] ~ 대 ~ (전치사))

zero [제루] 0   **um / uma** [웅/우마] (남성형/여성형) 1

dois / duas [도이스/두아스] (남성형/여성형) 2

três [뜨레스] 3   **quatro** [꽈뜨루] 4

cinco [씽꾸] 5   **seis** [쎄이스] 6

sete [쎄찌] 7   **oito** [오이뚜] 8

nove [노비] 9   **dez** [데스] 10

um a zero [웅 아 제루] 1 대 0

quatro a um [꽈뜨루 아 웅] 4 대 1

Easy
It makes learning
a language fun and fast.

Fun
It makes learning
a language fun and fast.

Quick
It makes learning
a language fun and fast.

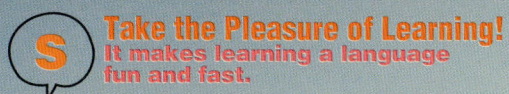

006

'난 한국인이야. 넌 브라질인이니?
반갑다, 친구야!

Eu sou coreano.
Você é brasileiro?

[에우 쏘우 꼬레아누. 보쎄 에 브라질레이루?]

Ser 동사 (1) 국적말하기

포르투갈어 문장은 '주어 + 동사 + 보어 / 목적어'의 구조인데요,
의문사가 없는 평서문에 의문부호 '?'만 찍어주면
거의 대부분의 문장이 의문문으로 바뀝니다.

Teach Yourself
Languages

Take the Pleasure of Learning! It makes learning a language fun and fast.

난 자랑스러운 한국인!

여전히 어떤 사람들은 외국인이 지나갈 때 눈을 떼지 않고 한참을 쳐다봅니다. 외국인들의 '증언'에 의하면 그런 시선이 여간 불편한 게 아니라고 하더군요. 호의로 느껴질 만큼 한국에 적응하지 못한(시간적으로) 그들에겐 분명 낯설은 부분이리라 이해됩니다. 반면, 브라질은 그야말로 세계 각지의 여러 인종이 모여 사는 나라여서 그런지 외국인이라고 해서 별다르게 생각하지 않습니다. 기본적으로 친해질 준비가 되어 있는데다가, 소통만 되면 '외국인'이라는 인식을 따로 갖지 않기 때문이죠.

브라질 사람과 사귀기 시작할 때,
가볍게 인사를 나눈 뒤 자신을 소개하거나
상대에게 질문할 때 필요한 표현을 알아보겠습니다.
포르투갈어의 '~이다'는 **ser** [쎄르] 동사로 표현합니다.
영어의 **be** 동사와 의미나 용법이 똑같습니다.

Teach Yourself
Languages

Eu sou ~.
[에우 쏘우 ~.] 나는 ~이다.

Você(Ele, Ela) é ~.
[보쎄(엘리, 엘라) 에 ~.]
너(그, 그녀)는 ~이다.

O senhor(A senhora, A gente) é ~.
[우 씽요르(아 씽요라, 아 젱찌) 에 ~.]
당신(남성)(부인, 우리)은 ~이다.

 **Easy**
It makes learning
a language fun and fast.

 **Fun**
It makes learning
a language fun and fast.

 **Quick**
It makes learning
a language fun and fast.

Nós somos ~.

[노스 쏘무스 ~.] 우리는 ~이다.

Vocês(Eles, Elas) são ~.

[보쎄스(엘리스, 엘라스) 써웅 ~.] 너희들(그들, 그녀들)은 ~이다.

Os senhores(As senhoras) são ~.

[우스 씽요리스(아스 씽요라스) 써웅 ~.] 당신들(남성)(부인들)은 ~이다.

복수를 만드는 열쇠 's'

앞 장에서 인칭대명사를 공부할 때 느끼셨나요? 복수형에 -s가 붙어 있었죠?
어떤 단어든 복수를 만드는 철자는 영어처럼 -s입니다. 다만 영어도 예외가 있
듯이 포르투갈어도 예외가 있는데요, -r로 끝나는 단어에는 -es를 붙여주면 됩
니다.

여기서 또 한 가지 팁!
보통 명사나 형용사가 -o로 끝난 것은 '남성', -a로 끝나면 '여성' 이랍니다.
이 책에서 '한국인' 은 coreano(a) [꼬레아누(나)]로 표기하는데, 남성 한국인
은 coreano, 여성 한국인은 coreana임을 의미해요. 언어감각이 있으신 분들
은 이제 brasileiro(a)란 단어가 '브라질인 남성(여성)' 임을 짐작하셨을 겁니
다.

포르투갈어의 기본 문장구조

앞서 말씀드렸듯이 포르투갈어의 기본 문장구조는 '주어 + 동사 + 보어 / 목적어' 로 요약할 수 있습니다. 그러면 지금부터는 기본 문장구조를 가지고 간단한 문장을 만들어보도록 하겠습니다.

Eu sou coreano(a).

[에우 쏘우 꼬레아누(나).] 난 한국인이야.

Você é brasileiro(a)?

[보쎄 에 브라질레이루(라)?] 넌 브라질 사람이니?

Nós somos coreanos(as).

[노스 쏘무스 꼬레아누스(나스).] 우린 한국인이야.

Vocês são brasileiros(as)?

[보쎄스 써웅 브라질레이루스(라스)?] 너희들은 브라질 사람이니?

대표적인 기본문형이기 때문에 기억해두시면 좋겠습니다. 아예 **Eu sou ~. Você é ~ ? Nós somos ~.** ... 식으로 주어와 동사를 하나의 덩어리로 생각하고 연습해주세요.
말할 때 역시 거의 붙여서 발음한다고 생각하시면 됩니다. 처음엔 익숙하지 않아서 따로 한 박자 쉬고 들어가는 식으로 말하게 되지만 걱정하실 필요 없습니다. 여유 있는 브라질 사람들이 우리가 말을 끝낼 때까지 기다려 줄 거예요.

Easy
It makes learning
a language fun and fast.

Fun
It makes learning
a language fun and fast.

Quick
It makes learning
a language fun and fast.

너 일본 사람이니?

브라질에서 자주 듣는 질문 중 하나는
'너 일본 사람이니? 입니다. 브라질 내 일본 이민의
역사는 1908년에 시작되어 2008년에 이민 100주년을
맞았는데요, 브라질 지리통계원(**IBGE**[이베줴에])에 따르면 2011년 현재 약
150만 명의 일본인이 브라질에 살고 있는 것으로 집계되었습니다. 일본 영토
이외의 지역에서 일본인이 가장 많이 사는 나라가 브라질인 것이죠. 그래서 일
본인들의 브라질 내에서의 영향력 또한 막강합니다. 우리나라는 2012년 공식
이민 50주년을 맞는데 교민은 대략 5만 명 정도로, 거의 대부분이 상파울루에
거주하고 있습니다.

'일본인' 은 **japonês / japonesa** [쟈뽀네스 / 쟈뽀네자]입니다.
국적을 나타내는 말이 **-ês**로 끝날 때, 이것의 여성형은 **-esa**입니다.
국적을 묻는 질문에 답하기 위해선 '예, 아니오' 란 표현도 함께 알아둬야겠죠?

Sim. [씽]   응, 그래.

Não. [너웅]   아니.

이번에는 여러분께서 지금 브라질 친구와 대화를 한다고 가정하고 질문을 주
고받아보도록 하겠습니다.

Você é japonês / japonesa?

[보쎄 에 쟈뽀네스 / 쟈뽀네자?] 넌 일본 사람이니?

Não. Eu sou coreano(a).

[너웅. 에우 쏘우 꼬레아누(나).] 아니, 난 한국 사람이야.

Você é coreano(a)?

[보쎄 에 꼬레아누(나)?] 넌 한국 사람이니?

Sim, sou. E você?

[씽, 쏘우. 이 보쎄?] 응, 그래. 그런데 넌?

Eu sou brasileiro(a).

[에우 쏘우 브라질레이루(라).] 난 브라질 사람이야.

이런, 브라질 사람이 아니었네!

리우나 상파울루, 특히 이과수 폭포가 있는 지역 등 브라질의 대표적인 관광지역을 다니다보면 누가 어느 나라 사람인지 도저히 짐작하기 어려울 때가 있습니다. 포르투갈어로 도움을 요청하려할 때, '저 브라질 사람 아닌데요.', '전 미국인이에요.' 라는 말을 종종 듣게 됩니다. 이방인들끼리 관광지에서 빚는 해프닝 중 하나죠.

포르투갈어는 동사가 주어에 따라 형태가 다르기 때문에 역으로 동사의 형태를 보면 주어가 뭔지 알 수가 있습니다. 그래서 이따금씩 너무 뻔한 상황이라면 주어를 생략하기도 하지요.
그리고 부정문을 만들 때는 동사 앞에 **não** [너웅]만 붙여주시면 끝!
(**americano(a)** [아메리까누(나)] 미국인, **chinês / chinesa** [쉬네스 / 쉬네자] 중국인)

Easy
It makes learning
a language fun and fast.

Fun
It makes learning
a language fun and fast.

Quick
It makes learning
a language fun and fast.

O senhor é brasileiro?

[우 씽요르 에 브라질레이루?] 당신은 브라질 분이세요?

É brasileiro?

[에 브라질레이루?] 브라질 분이세요?

Não, eu não sou brasileiro.

[너웅, 에우 너웅 쏘우 브라질레이루.] 아니요, 전 브라질 사람 아니에요.

Sou americano.

[쏘우 아메리까누.] (전) 미국인이에요.

A senhora é chinesa?

[아 씽요라 에 쉬네자?] 부인은 중국인이세요?

Não, sou coreana.

[너웅, 쏘우 꼬레아나.] 아니요, 한국인이에요.

한 번쯤 외국에 가게 되면 딱히 설명하기 어려운 변화가 가슴 속에 일어납니다. 은근히 애국자가 되면서 행동에 좀 더 신경을 쓰게 되는 게 그것이죠. 특히 한국인이 많지 않은 지역에 있을 땐 '나'의 모습이 곧바로 '한국인'의 이미지가 될 수 있다는 생각에 좀 더 조심스러워지는 것 같습니다.

007

'이름이 어떻게 되세요?'
역시 **Ser** 동사가 해결합니다.
Qual é o seu nome? [꽈우 에 우 쎄우 노미?]

Easy
It makes learning
a language fun and fast.

Fun
It makes learning
a language fun and fast.

Quick
It makes learning
a language fun and fast.

의문사 (1), ser 동사 (2), 소유사

브라질 사람들은 가까운 사람끼리 별명을 부릅니다.
별명은 이름을 줄이거나 개개인의 행동,
신체적 특징들을 살려 짓는 것이 일반적입니다.

▼ Teach Yourself **Languages**

Take the Pleasure of Learning! It makes learning a language fun and fast.

예전처럼 사랑받지 못하는 내 이름

우리나라에서는 어렸을 때 이름을 부르다가도 결혼을 하게 되거나 직장 생활을 하게 되면 '누구의 엄마나 아빠' 또는 성에 직함을 붙여 부릅니다. 또 가족 내 서열에 따른 '언니, 오빠' 등의 호칭을 주로 사용하고요. 그런데 브라질 사람들은 항상 이름을 즐겨 부릅니다.

제가 처음 유학생활을 시작했을 때 함께 지냈던 가족의 경우를 보면, 심지어 딸들이 자기 어머니를 이름으로 부르기도 하더군요. 당시 저는 적잖이 충격을 받았습니다. 서로 아주 친해졌을 즈음, 저도 그 가족의 딸들처럼 난생처음 한 참 어른이신 분을 이름으로 불러보기 시작했지요. 처음엔 살짝 이런 무례를 '자행' 해도 되나 싶었지만, 부르다 보면 묘하게 더욱 친근감을 느끼게 되더군요. 참고적으로 이런 문화가 브라질 전체의 보편적 문화는 아니어서, 지역마다 집안마다 약간씩 다르긴 합니다.

자, 이제 여러분께서 새로 사귀는 브라질 친구에게 이름을 물어볼 차례입니다. 이름을 묻기 전에 '저, 실례합니다만.' 하고 말문을 연 뒤에 이름을 묻고, 대답을 들은 다음에 '감사합니다.' 라고 말할 수 있다면 좀 더 자연스러운 대화가 만들어지겠죠? 몇 가지 중요한 표현을 먼저 배워보겠습니다.
(com [꽁] 가지고, a licença [리쌩싸] 허락, por [뽀르] (이유 등을 나타내는) 전치사, o favor [파보르] 호의, 부탁, de [지] ~에 대하여, nada [나다] (부정의미의) 아무 것(도 아니다))

Com licença.

[꽁 리쌩싸.] 실례합니다.

Easy
It makes learning
a language fun and fast.

Fun
It makes learning
a language fun and fast.

Quick
It makes learning
a language fun and fast.

It's real, it's easy and it's practical!

Por favor.
[뽀르 파보르.] 실례합니다, 부탁합니다. (영어의 **please**)

Obrigado(a).
[오브리가두(다).] 감사합니다.

De nada.
[지 나다.] 천만에.

개인 신상은 모두 **qual**로 해결!

'네 이름은 뭐니?' 란 표현을 공부해보도록 할 텐데요, 먼저 이 표현에 등장하는 의문사 **qual** [꽈우]에 대해서 알아볼 필요가 있습니다.

qual는 영어의 **what**(무엇)이나 **which**(어떤 것)의 기능을 하는 의문사입니다. 엄밀히 말하면 선택의 의미를 가지고 있기 때문에 **which**에 더 가깝습니다. 그런데 포르투갈어로 '나이, 주소, 전화번호, 키, 체중, 직업 등' 개인 신상에 관련된 질문을 할 때는 무조건 **qual**를 사용합니다. 꼭 기억해주세요~! ^__^ 다음의 이름을 묻는 질문이 머리에 쏙쏙! 들어가도록 몇 번이고 반복해서 읽어주세요. 이름을 물을 때 '어떻게' 란 의미의 **como** [꼬무]를 써도 됩니다. (**seu** [쎄우] 너의, **o nome** [노미] 이름, **meu** [메우] 나의)

Qual é o seu nome?

[꽈우 에 우 쎄우 노미?] 네 이름은 뭐니?

Meu nome é Luísa.

[메우 노미 에 루이자.] 내 이름은 루이자야.

Sou Minsoo.

[쏘우 민수.] (난) 민수야.

Como é o seu nome?

[꼬무 에 우 쎄우 노미?] 네 이름은 어떻게 되니?

Paulo.

[빠울루.] 빠울루야.

누가 이름을 물어오면 위의 예문에서처럼 '내 이름은 ~야.' , '난 ~야.' 라고 답하면 됩니다. 물론 마지막 문장에서처럼 이름만 말해도 좋아요. 여기서 한 가지! 이름을 먼저 묻지도 않았는데 바로 **Sou ~.** [쏘우 ~.](난 ~야.)라고 말하는 건 좀 어색하답니다. 그래서 한 가지 더 말씀드리자면, 처음 통성명할 때는 모든 것을 생략하고 '이름' 만 말하는 게 더 자연스럽습니다. 그러니까, '**Sou Minsoo.**' 라고 하지 않고, '**Minsoo.**' 라고 이름만 말씀하시는 게 좋아요. (**muito** [무이뚜] 많은, **o prazer** [쁘라제르] 기쁨)

Muito prazer. Lim.

[무이뚜 쁘라제르. 링.] 정말 반가워. (난) 링이야.

 **Easy** It makes learning a language fun and fast.
 **Fun** It makes learning a language fun and fast.
 **Quick** It makes learning a language fun and fast.

Muito prazer. Paulo.

[무이뚜 쁘라제르. 빠울루.] 정말 반가워. (난) 빠울루야.

소유형용사 '나의' 와 '너의'

이번에는 소유형용사를 알아보기로 할까요?
앞의 문장에 새로 등장한 **o seu nome**를 분석해 보면, **o**는 남성형 정관사이고
(10과를 참고하세요.), **seu**는 소유형용사로 '당신의' 란 뜻입니다.
그리고 **nome**는 '이름' 이란 뜻의 단어예요. 말하자면 영어의 **your name**에
해당하죠. 대답 표현의 **meu nome**가 저절로 이해되시죠? 네, 그렇습니다. 바
로 **meu**는 '나의' 란 뜻으로 영어의 **my**에 해당해요.

자, 이번에는 개인신상 관련 질문을 하나 더 배워보도록 하겠습니다.
어떤 의문사를 기억하셔야 한다고 말씀드렸죠? 네, 바로 **qual**였습니다. 아예
Qual é ~? [꽈우 에 ~?]가 자동적으로 입에서 나올 수 있도록 구문으로 연습해
주세요.
(**sua** [쑤아] 너의(소유형용사 여성형), **a profissão** [쁘로피써웅] 직업,
o(a) estudante [이스뚜당찌] 학생)

Qual é a sua profissão?

[꽈우 에 아 쑤아 쁘로피써웅?] 직업이 뭐니?

Sou estudante.

[쏘우 이스뚜당찌.] (난) 학생이야.

포르투갈어의 명사적 일치!

포르투갈어에서 가장 권력이 센 품사는 명사입니다.
그래서 명사의 성과 수에 따라 한정해 주거나 수식하는 말들, 즉 관사, 지시사, 형용사, 수사 등의 형태도 일치를 시켜줘야 해요. 어려울 거 같다고요? 저도 동감을 하긴 하지만 여러분들이 이 책에 나온 표현만이라도 자연스럽게 입에 밸 때까지만 반복연습을 하면 저절로 해결된다고 자신 있게 말씀드립니다. 홧팅!
*^^*

직업을 묻는 질문에도 역시 **ser** 동사를 사용하면 됩니다. 이름, 신분, 직업, 종교 등 **ser** 동사를 이용한 표현이 무궁무진하니까 지금 이 순간 외워주세요. 여러분은 어떤 신분 또는 직업을 가졌을까요? 궁금하네요.
(o(a) jornalista [죠르날리스따] 기자, **o(a) professor(a)** [쁘로페쏘르(라)] 선생)

Eu sou estudante.

[에우 쏘우 이스뚜당찌.] 난 학생이야.

Eu sou jornalista.

[에우 쏘우 죠르날리스따.] 난 기자야.

Eu sou professor(a).

[에우 쏘우 쁘로페쏘르(라).] 난 선생이야.

명사의 성에 관한 규칙도 알아두세요~!

명사의 어미가 각각 **-e**, **-ista**로 끝나는 **estudante**, **jornalista** 같은 단어들은 남성과 여성형태가 동일합니다. 그리고 **-r**로 끝나는 단어 **professor**의 경우, 앞에서 소개해 드렸던 **senhor**의 여성형이 **senhora**였던 것처럼, 끝에 모음 **a**만 첨가하면 여성형 **professora**를 만들 수 있습니다.

소유형용사 남성형과 여성형 총정리!

뒤따라오는 명사에 따라 소유형용사는 다음과 같이 바뀝니다.

	남성단수	남성복수	여성단수	여성복수
나의	**meu** [메우]	**meus** [메우스]	**minha** [밍야]	**minhas** [밍야스]
너의	**seu** [쎄우]	**seus** [쎄우스]	**sua** [쑤아]	**suas** [쑤아스]

008

'너 어디 사니? 알려줄까 말까?

Onde você mora? [옹지 보쎄 모라?]

Easy
It makes learning
a language fun and fast.

Fun
It makes learning
a language fun and fast.

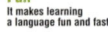

Quick
It makes learning
a language fun and fast.

Onde você mora?

제1규칙 -ar 동사, 전치사 em, 의문사 (2)

우리나라의 85배나 되는 광활한 영토, 어느 정도인지 아무도 가늠할 수 없다는 천연자원의 보물창고, 브라질. 그러나 소박한 브라질 사람들은 인사말밖에 할 줄 모르는 외국인들도 대환영을 해줍니다.

Take the Pleasure of Learning! It makes learning a language fun and fast.

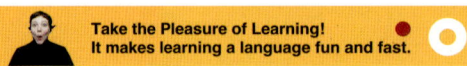
1000개 단어만 알면 말할 수 있다?

우리가 실제로 일상에서 많이 쓰는 단어들은 어떤 언어든 대략 1,000개 정도라고 합니다. 이 단어의 활용을 제대로 알고 기본 문법을 확실히 익히면 일상회화의 약 70퍼센트 정도는 해결된다고 하더군요. 개인적으로 크게 공감하는 부분입니다. 하나 둘씩 늘어나는 포르투갈어 어휘가 곧바로 여러분의 외국어 실력이 된다는 사실을 말해주는 통계입니다.

여러분, 재미있게 공부하고 계신가요? 제가 소개하고 있는 내용들이 다소 복잡하게 느껴질 수도 있을 거예요. 하지만 이런 말씀을 드리고 싶네요. 실생활에서 많이 쓰는 표현들을 익히다보면 규칙도 저절로 알게 된다고요.
(**onde** [옹지] 어디(에), **morar** [모라르] 살다, **em** [잉] ~에)

Onde você mora?
[옹지 보쎄 모라?] 너 어디 사니?

Eu moro em São Paulo.
[에우 모루 잉 써웅 빠울루.] 난 상파울루에 살아.

Você mora em Seul?
[보쎄 모라 잉 쎄우우?] 너 서울에 사니?

Sim, moro em Seul.
[씽, 모루 잉 세우우.] 응, 서울에 살아.

Onde os senhores moram?

[옹지 우스 씽요리스 모랑?] 당신들은 어디 사세요?

Nós moramos em Insadong.

[노스 모라무스 잉 인사동.] 우리는 인사동에 살아요.

지금쯤 감을 잡으셨겠지만 포르투갈어로 의문문을 만들 때, 영어처럼 의문사가 가장 앞에 옵니다. 앞에서 배웠던 문장 **qual**도 그랬죠? 의문부사라고 일컫는 **onde**도 마찬가지예요.

제1규칙동사: -ar 동사

이번에는 제1규칙동사 중 하나인 **morar** [모라르]를 공략해보도록 하겠습니다. 이 동사는 '거주'의 개념으로 '(어디에) 살다'란 뜻을 가지고 있어요. 앞에서 배웠던 불규칙동사 **ser** 동사처럼 주어에 따라 모양이 변하는 건 마찬가지랍니다. 각 인칭에 따라 **-o**, **-a**, **-amos**, **-am**의 어미를 갖는데, 여기서 잠깐!!! **morar** 동사의 변화형은 **-ar**로 끝나는 모든 규칙동사의 활용과 똑같으므로 활용어미가 어떻게 변하는지 잘 기억해두셨다가 다른 규칙동사에도 적용해서 사용해주세요.

Eu - moro [모루], **Você/Ele/Ela/O senhor/A senhora/A gente - mora** [모라],
Nós - moramos [모라무스], **Vocês/Eles/Elas/Os senhores/As senhoras - moram** [모랑]

전치사 em

앞에 나온 예문에서 지명 앞에 '~에' 란 뜻의 전치사 **em** [잉]이 쓰였습니다.
나라 이름은 거의 다 정관사를 써주고, 도시의 경우는 그와 반대로 대부분 쓰
지 않습니다. 우리나라 지명은 정관사 없이 사용하므로, '부산에서' 라고 말한
다면 '**em Pusan**' 이라고 하면 됩니다. 중요한 것은 우리말 어순과는 반대란
사실이에요.
(**no** [누] = (전치사) **em** [잉] + (정관사) **o** [우])

Você mora no Brasil?
[보쎄 모라 누 브라지우?] 너 브라질에 살아?

Eu moro em Pusan.
[에우 모루 잉 부산.] 난 부산에 살아.

Ele mora no Rio de Janeiro.
[엘리 모라 누 히우 지 쟈네이루.] 그는 리우데자네이루에 살아.

이제 규칙동사의 현재형 활용어미를 다른 동사에 적용해 보는 순서를 마련했
습니다. '공부하다' 란 동사 **estudar** [이스뚜다리]를 새로 배우면서 앞서 나왔
던 단어들을 불러 문장을 만들어보겠습니다. 제1규칙동사의 어미 **-o, -a,
-amos, -am** 기억하시죠?

(**inglês** [잉글레스] 영어, 영국인, 영국의, **japonês** [쟈뽀네스] 일본어, 일본인, 일본의, **português** [뽀르뚜게스] 포르투갈어, 포르투갈인, 포르투갈의, **coreano** [꼬레아누] 한국어, 한국인, 한국의)

Eu estudo inglês.
[에우 이스뚜두 잉글레스.] 난 영어를 공부해.

Você estuda japonês?
[보쎄 이스뚜다 쟈뽀네스?] 넌 일본어 공부하니?

Nós estudamos português.
[노스 이스뚜다무스 뽀르뚜게스.] 우린 포르투갈어를 공부해.

Vocês estudam coreano?
[보쎄스 이스뚜당 꼬레아누?] 너희들 한국어 공부하니?

어떠세요? 앞에서 배웠던 국적을 나타내는 형용사들이어서 훨씬 친숙하시죠? 이들 남성형용사를 '배우다', '공부하다' 등의 동사와 함께 써주면 자동적으로 '국가 언어명'이 됩니다.

이번에는 여러분이 '말하다'라는 동사 **falar** [팔라르]를 활용해서 작문을 해보면 어떨까요? '말하다'라는 동사 또한 '언어명'과 함께 써주면 '~어를 말하다'란 뜻이 됩니다. 자! 그럼 시작해보죠. 준비 되셨나요?

난 포르투갈어를 말해.

→ **Eu falo português.**

[에우 팔루 뽀르뚜게스.]

너 한국말 하니?

→ **Você fala coreano?**

[보쎄 팔라 꼬레아누?]

우리는 영어를 해.

→ **Nós falamos inglês.**

[노스 팔라무스 잉글레스.]

너희는 중국어 하니?

→ **Vocês falam chinês?**

[보쎄스 팔랑 쉬네스?]

의문사 군단!

앞으로 브라질 친구를 사귈 때 또는 브라질을 여행할 때, 여러분의 궁금증을 풀어줄 '정예요원들' 을 모두 불러 모았습니다. 이름하여 포르투갈어 의문사 군단!

Qual? [꽈우?] 어떤 (거)?

Qual é ~? [꽈우 에 ~?] ~는 뭐니?

Quando? [꽝두?] 언제?

Como? [꼬무?] 어떻게?

O quê? [우 께?] 뭐?

O que é ~? [우 끼 에 ~?] ~는 뭐니?

Quem? [껭?] 누구?

Onde? [옹지?] 어디?

Por quê? [뽀르 께?] 왜?

Quanto? [꽝뚜?] 얼마나?

Quanto é? [꽝뚜 에?] 얼마야?

Quantos/Quantas? [꽝뚜스/꽝따스?] 몇 개?

위의 의문사 두 가지를 이용해서 짧은 대화문을 만들어보겠습니다.
(**português** [뽀르뚜게스] 포르투갈어, **o café expresso** [까페 이스쁘레쑤] 에스프레
소 커피, **real**(복수는 **reais**) [헤아우(헤아이스)] 브라질 화폐 헤알)

Quem é ele?

[껭 에 엘리?] 그는 누구니?

Ele é professor de português.

[엘리 에 쁘로페쏘르 지 뽀르뚜게스.] 그는 포르투갈어 선생이야.

Quanto é o café expresso?

[꽝뚜 에 우 까페 이스쁘레쑤?] 에스프레소 커피 얼마에요?

(É) 2 reais.

[(에) 도이스 헤아이스.] 2헤알이에요.

  **Easy**
It makes learning
a language fun and fast.

 Fun
It makes learning
a language fun and fast.

 Quick
It makes learning
a language fun and fast.

009

네가 궁금해! 다 알려줘. '핸드폰 번호는 뭐니?'

Qual é o número do seu celular?

[꽈우 에 우 누메루 두 쎄우 쎌룰라르?]

ter 동사 (1), 수 (2)

브라질 연구자료에 따르면 2010년 말 현재 핸드폰 보급 대수가
브라질 인구수를 초과했다고 합니다. 어마어마한 숫자죠?
브라질, 아무튼 엄청난 전자제품 소비국가로 떠오르고 있습니다.

Take the Pleasure of Learning! It makes learning a language fun and fast.

Fun
It makes learning
a language fun and fast.

핸드폰의 전성기

혹자는 무덤에도 가져가고 싶은 물건으로 핸드폰을 꼽더군요.
금세기 최고의 발명품으로 자리매김한 핸드폰, 이제 핸드폰 없는 일상은 상상
하기 어려운 상태가 되었습니다. 더우기 손 안의 컴퓨터를 모토로 조변석개,
무한진화하는 핸드폰에는 날마다 감탄할 수밖에 없고요. 특히 스마트폰의 어
플리케이션 시장은 지금까지와는 전혀 다른 세계를 만나게 해주고 있습니다.
(참고적으로 국가대표 외국어 시리즈는 **ipad** 어플리케이션으로 개발되었고,
본서 또한 개발 예정입니다.) 스마트폰 두서너 개쯤은 다들 가지고 계시죠? ㅋ

아무튼 무엇을 '가질 수 있다' 는 건 좋은 것입니다. 자, 이번에 배우실 동사는
'가지다' 란 의미의 **ter** [떼르]입니다. 영어의 **have**에 해당하죠. 그럼 인칭과 함
께 **ter** 동사의 활용을 알아보기로 하겠습니다. 이 동사는 **ser**처럼 불규칙동사
예요. 통째로 외워주세요. **Eu - tenho** [뗑유], **Você/Ele/Ela/O senhor/A
senhora/A gente - tem** [뗑], **Nós - temos** [떼무스], **Vocês/Eles/Elas/Os
senhores/As senhoras - têm** [뗑]

브라질에서는 핸드폰을 **celular** [쎌룰라르] 또는 **telefone celular** [뗄레포니
쎌룰라르]라고 합니다. 이미 전 세계적으로 보급된 핸드폰이지만, 그래도 아직
은 옛날 습관대로 핸드폰이 있냐고 먼저 물으면서 번호를 말해달라고 하죠?
곧바로 '번호가 뭐야?' 라고 묻는다고요? 와우, 터프하시네요~! ㅋ
(**do** [두] = (전치사) **de** [지] ~의 + (정관사) **o** [우])

Você tem celular?

[보쎄 뗑 쎌룰라르?] 핸드폰 있니?

Easy
It makes learning
a language fun and fast.

Fun
It makes learning
a language fun and fast.

Quick
It makes learning
a language fun and fast.

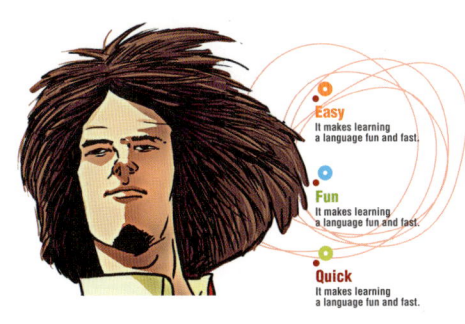

Sim, tenho.
[씽, 뗑유.] 응, 있어.

Não, não tenho.
[너웅, 너웅 뗑유.] 아니, 없어.

Qual é o número do seu celular?
[꽈우 에 우 누메루 두 쎄우 쎌룰라르?] 네 핸드폰 번호 어떻게 되니?

É 010-1234-5678.
[에 제루 웅 제루 - 웅 도이스 뜨레스 꽈뜨루 - 씽꾸 메이아 쎄찌 오이뚜.] 010-1234-5678이야.

Quick
It makes learning
a language fun and fast.

독특한 숫자 6 읽는 법!

5과에서 6을 '세이스' 라고 읽는다고 소개했었는데요, 6은 **meia** [메이아]라고
도 읽습니다. '메이아' 는 전화번호를 읽을 때만 사용합니다. 물론 '쎄이스' 라
고 해도 문제될 건 없어요. 숫자 7의 발음과 혼동을 피하기 위해서 '메이아' 라
고 읽는다고 합니다. '메이아' 는 원래 '반' 이란 뜻의 형용사인데 '다스(12개
를 묶는 단위)' 의 '반' 과 관련이 있어요.

한번은 친구와 시간 약속을 하는데 7 (**sete**)이란 숫자 '쎄찌' 의 '쎄' 만 크게
들리고 '찌' 가 약하게 들려서, 6과 혼동하고는 한 시간 일찍 약속 장소에 간 적
이 있었답니다. ㅋㅋ 6 (**seis**)의 '쎄이스' 도 '쎄' 만 크게 들리고 '이스' 를 약하
게 발음하기 때문에 생긴 일이죠. 그런데 주변 사람들에게 들어보니까 이런
'사고' 가 저한테만 일어난 게 아니더라고요. ㅎㅎ

Fun
It makes learning
a language fun and fast.

시간 있니?

친구와의 만남을 만들때, 먼저 친구에게 시간이 있는지 물어봐야겠죠? 동사 ter [떼르]를 활용해서 시간이 있는지 알아보겠습니다.

(o tempo [뗑뿌] 시간, livre [리브리] 자유로운, a fome [포미] 배고픔)

Você tem tempo livre?

[보쎄 뗑 뗑뿌 리브리?] 너 여유시간 있어?

Tenho, sim.

[뗑유, 씽.] 있어, 응.

여기서 한 가지! 보통은 '씽, 뗑유.' 라고 대답하는데, 가끔은 이렇게 살짝 어순을 바꿔서 '뗑유, 씽.' 이라고 말하면 다양하게 말할 수 있어서 재미가 한층 더 해집니다.

'배가 고프다' 라고 말할 때도 ter 동사를 쓰는데, 다음 예문은 사실 요즘 젊은 사람들이 많이 쓰는 표현이에요. 문법적으로 더 알맞은 표현은 '(지금 현재) ~을 가지고 있다' 는 표현 estar com + ~ [이스따르 꽁 + ~]입니다. (13과 참조)

Você tem fome?

[보쎄 뗑 포미?] 너 배고파?

Não, não tenho.

[너웅, 너웅 뗑유.] 아니, 안 고파.

Easy
It makes learning
a language fun and fast.

Fun
It makes learning
a language fun and fast.

Quick
It makes learning
a language fun and fast.

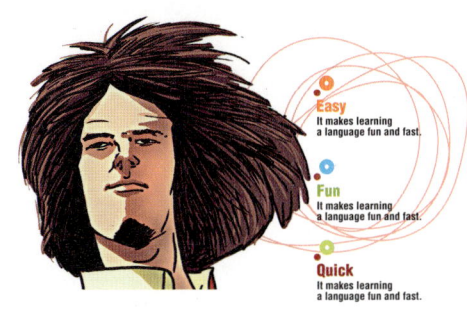

포르투갈어
'명사와 형용사' 의
기본 어순은
'명사 + 형용사'

포르투갈어 명사의 기본적인 어순은 명사를 수식하는 관사, 수사, 지시사, 소유형용사, 그리고 몇 개의 형용사 **bom**, **boa** 등은 예외적으로 명사의 앞에 위치하고, 그 외에는 '명사' 다음에 '형용사' 를 써줍니다. 잘 기억해주세요~!

'뗌뿌 리브리' 는 말의 순서대로 번역하면 '시간 + 자유의' 인데 우리와는 달리 명사를 꾸미는 형용사가 뒤에 위치해 있습니다. 포르투갈어는 몇몇 형용사를 제외한 대부분의 형용사가 명사의 뒤에 위치합니다.
(**Daniel** [다니에우] 사람 이름(고유명사), **uma** [우마] 부정관사(영어의 **a/an**), **a namorada** [나모라다] 여친, **bonita** [보니따] 예쁜)

Daniel tem namorada?

[다니에우 뗌 나모라다?]
다니엘 여친 있어?

Sim, ele tem uma namorada bonita.

[씽, 엘리 뗌 우마 나모라다 보니따.]
응, 걔 예쁜 여친 있어.

87 | Teach Yourself Languages

11부터 100까지 읽는 법!

전화번호를 말할 때, 원래는 번호를 하나씩 읽어주는 게 일반적이었지만, 시대가 바뀌어 서로 알아듣기 편하게 말해주는 방식으로 변했습니다. 아마도 워낙 바쁘게 돌아가는 세상에 자연스레 적응하게 된 형태가 아닐까 싶습니다. 그러면 먼저 11부터 100까지 알아보도록 하겠습니다.

onze [옹지] 11   **doze** [도지] 12

treze [뜨레지] 13   **quatorze** [꽈또르지] 14

quinze [낑지] 15   **dezesseis** [데제쎄이스] 16

dezessete [데제쎄찌] 17   **dezoito** [데조이뚜] 18

dezenove [데제노비] 19   **vinte** [빙찌] 20

vinte e um [빙찌 이 웅] 21 **trinta** [뜨링따] 30

quarenta [꽈렝따] 40   **cinquenta** [씽깽따] 50

sessenta [쎄쎙따] 60   **setenta** [쎄뗑따] 70

oitenta [오이뗑따] 80   **noventa** [노벵따] 90

cem [쌩] 100

11부터 15까지 **-ze**로 끝나는 공통점이 있습니다. 그리고 16부터 19까지는 **dez** (10)가 앞에 붙어서 우리처럼 '십+육', '십+칠', '십+팔', '십+구' 식으로 읽어줍니다. 이때 알파벳 **e**는 숫자와 숫자가 자음끼리 충돌이 있을 경우, 냉큼 출동해서 요런 문제를 신속하게 해결해줍니다.

dez+e+seis
➔ dezesseis [데제쎄이스]

dez+e+sete
➔ dezessete [데제쎄찌]   10 + **e** + 7 ➔ 17

dez+oito
➔ dezoito [데조이뚜]   10 + 8 ➔ 18

dez+e+nove
➔ dezenove [데제노비]   10 + **e** + 9 ➔ 19

살펴보면 16과 17의 경우, 발음상 자음 **S**가 모음 사이에 위치하게 되면서 원래의 '쓰' 음가가 'ㅈ' 소리로 변하기 때문에 **S**를 하나 더 써넣어 원래 음가를 유지해준 걸 알 수 있습니다.

이번에는 앞서 나왔던 전화번호를 약간 색다르게 읽어보겠습니다.

Meu telefone é zero dez, doze, trinta e quatro, cinquenta e seis, setenta e oito.

[메우 뗄레포니 에 제루 데스, 도지, 뜨링따 이 꽈뜨루, 씽깽따 이 쎄이스, 쎄뗑따 이 오이뚜.]
내 전화는 010-1234-5678이야.

010

내일 뭐할 거니?
'우리 영화 한 편 볼까?'
Vamos ver um filme? [바무스 베르 웅 피우미?]

ir 동사 (1), 관사, 전치사와 관사의 결합

평소에 취미생활을 즐겨 하는 사람들과 그렇지 않은 사람들을 비교해보면
전자의 행복지수가 훨씬 높다고 합니다.
상대와 가까워질 수 있는 연결고리로서의 취미, 어떤 것들이 있을까요?

Easy
It makes learning
a language fun and fast.

Fun
It makes learning
a language fun and fast.

Quick
It makes learning
a language fun and fast.

Take the Pleasure of Learning! It makes learning a language fun and fast.

브라질 사람들의 식사

가까운 사람들과 맛있는 식사를 하며 기분 좋은 얘기를 나누는 시간은 일상에 있어 꼭 필요한 산소 같은 순간입니다. 브라질 사람들은 아침은 커피나 빵, 주스 등으로 간단히 먹고 점심과 저녁을 제대로 챙겨 먹습니다. 점심시간은 우리처럼 12시 전후로 대부분 1시간을 소비하는 데 반해, 저녁은 우리보다 훨씬 늦은 시간에 먹으며, 긴 시간동안 여유롭게 즐기는 편입니다.

브라질 친구와 약속 만들기!

포르투갈어로 '가다' 란 뜻의 동사는 **ir** [이르]입니다. **ir** 동사는 앞에 나온 **ser** 동사처럼 불규칙동사예요. 불규칙 동사들의 특징은 언어를 사용하는 사람들이 실제로 너무 많이 사용하다보니 형태가 복잡하게 발전되었다는 겁니다.
Eu - vou [보우], **Você/Ele/Ela/O senhor/A senhora/A gente - vai** [바이]],
Nós - vamos [바무스], **Vocês/Eles/Elas/Os senhores/As senhoras - vão** [버웅]
(**ao** [아우] = (전치사) **a** [아] ~로 + (정관사) **o** [우], **o parque** [빠르끼] 공원, **hoje** [오쥐] 오늘, **vamos** [바무스] ~하자, **ver** [베르] 보다, **um** [웅] 하나, **o filme** [피우미] 영화, **agora** [아고라] 지금, **o cinema** [씨네마] 영화관)

 **Easy**
It makes learning
a language fun and fast.

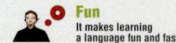 **Fun**
It makes learning
a language fun and fast.

 **Quick**
It makes learning
a language fun and fast.

Você vai ao parque?

[보쎄 바이 아우 빠르끼?] 너 공원에 가니?

Sim, vou.

[씽, 보우.] 응, 가.

Vamos ver um filme?

[바무스 베르 웅 피우미?] 영화 한 편 볼까?

Vamos ao cinema agora?

[바무스 아우 씨네마 아고라?] 지금 영화관 갈까?

Vamos.

[바무스.] 그러자.

Eles vão ao cinema hoje?

[엘리스 버웅 아우 씨네마 오줴?] 그들은 오늘 영화관에 가니?

Não, não vão.

[너웅, 너웅 버웅.] 아니, 안 가.

앞의 예문에서 **ir** 동사는 단순히 '가다' 란 의미만 가지고 있기 때문에 '~로' 란 뜻을 만들기 위해 영어의 **to**에 해당하는 전치사 **a**가 함께 쓰였습니다. 뒤에 오는 명사가 관사 **o**와 함께 쓰였기 때문에 전치사 **a**가 관사 **o**와 결합하게 되어, **ao**가 생겨난 것이고요. (이런 형태에 대해서는 이 과의 마지막 부분에서 정리해드리겠습니다.)

재미있는 얘기 하나 해드릴까요? 박 씨 성을 가진 한국인을 브라질 포르투갈어로 발음하면 **o senhor parque** [우 썽요르 빠르끼]가 됩니다. 영어로는 **Mr. Park**인데, **Mr.**는 포르투갈어로 **o senhor**이고 **Park**를 철자에 충실하게 브라질 포르투갈어로 읽으면 '빠르끼'가 된답니다. 보통 브라질 포르투갈어에서는 자음으로 끝나는 단어를 읽을 때 '이' 발음을 붙여서 읽거든요. 그래서 '공원(**parque**) 씨(?)~'가 됩니다. 재밌죠? *^^*

'ir 동사 + 동사원형'은 가까운 미래! Vamos는 청유형 명령!

ir 동사 뒤에 장소를 나타내는 말이 오면 '~로 가다'도 되고, 다른 동사가 뒤따라오면 '~하러 가다', 또는 영어의 **'be going to'**에 해당하는 '~할 예정이다'가 됩니다. 그리고 **vamos**는 영어의 **let's**에 해당하는 것으로 '~하자'라고 말할 때 사용합니다.

(**jogar** [죠가르] (게임, 축구를) 하다, **o futebol** [푸찌보우] 축구, **ver** [베르] 보다, **o jogo** [죠구] 게임, **o computador** [꽁뿌따도르] 컴퓨터, **de** [지] ~의)

Vou jogar futebol.

[보우 죠가르 푸찌보우.] (난) 축구할 거야. / 축구하러 갈 거야.

Easy
It makes learning
a language fun and fast.

Fun
It makes learning
a language fun and fast.

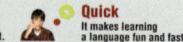
Quick
It makes learning
a language fun and fast.

Vamos ver o jogo de futebol.

[바무스 베르 우 죠구 지 푸찌보우.] (우리) 축구 경기 보러 갈 거야. / 축구 경기 보자.

Vocês vão jogar jogos de computador?

[보쎄스 버웅 죠가르 죠구스 지 꽁뿌따도르?] 너희들 컴퓨터 게임 할 거니?

참고로 상대방에게 재촉하고 싶거나, 뭔가를 함께 하자고 할 때도 **Vamos!** 한 마디로 해결이 가능합니다. 상대가 쉽게 수락하지 않으면, 그때는 앞에서 배운 **Por favor.** [뽀르 파보르.] (부탁해.)를 더불어 사용하시면 되고요. 친구의 의견 이 나와 다를 때, 또는 친구가 망설이고 있을 때는 생각할 틈도 주지 말고 '뽀 르 파보르.' 를 날려주세요. 여러분의 뜻이 곧바로 이루어질 것입니다. ㅋㅋ

우리말에 없는 관사! 넌 또 뭐야?

앞에서 **o senhor**, **a senhora**라는 표현 속의 **o** [우]와 **a** [아]를 정관사라고 소개 해드렸는데, 이들은 영어의 **the**에 해당합니다. 원칙적으로 서로 알고 있는 것 이나 한번 언급된 것을 한정하는 기능을 하며, 포르투갈어에서는 남성과 여성, 단수와 복수가 있어서 형태가 총 4가지예요. 영어의 **a(an)**에 해당하는 부정관 사도 있는데 앞의 예문 중 '영화' **filme** 앞에 온 **um**이 바로 그것입니다.

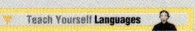

보통 처음 언급하는 것 앞에 써서 '어느, 어떤, 하나' 정도의 의미를 표현합니다. 그리고 부정관사 복수형은 '몇몇의', '대략' 의 의미를 나타냅니다.

(o(a) amigo(a) [아미구(가)] 친구, da [다] = (전치사) de [지] ~의 + (정관사) a [아])

	남성단수	여성단수	남성복수	여성복수
정관사	o [우]	a [아]	os [우스]	as [아스]
부정관사	um [웅]	uma [우마]	uns [웅스]	umas [우마스]

O senhor Pedro é brasileiro.

[우 씽요르 뻬드루 에 브라질레이루.] 뻬드루 씨는 브라질 사람이야.

A senhora Ana tem uns CDs da Marisa Monte.

[아 씽요라 아나 뗑 웅스 쎄데스 다 마리자 몽찌.]
아나 부인은 마리자 몽찌의 CD를 몇 장 가지고 계셔.

Eu tenho umas cinco amigas.

[에우 뗑유 우마스 씽꾸 아미가스.] 난 친구(여성)가 다섯쯤 돼.

개성 만점의 포르투갈어 정관사

포르투갈어 정관사는 고유명사 앞에 쓰여 성을 표현해줌과 동시에 친분관계가 있음을 나타내기도 합니다.

Easy
It makes learning
a language fun and fast.

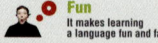

Fun
It makes learning
a language fun and fast.

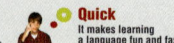

Quick
It makes learning
a language fun and fast.

브라질이 워낙 땅덩어리가 커서 지역이나 집안마다 약간 다르긴 하지만 대체적으로 친분이 있는 사람 이름 앞에 정관사를 붙여줍니다.
(estudar [이스뚜다르] 공부하다, aprender [아쁘렝데르] 배우다)

O Paulo estuda coreano.

[우 빠울루 이스뚜다 꼬레아누.] 빠울루는 한국어를 공부해.

A Maria aprende coreano.

[아 마리아 아쁘렝지 꼬레아누.] 마리아는 한국어를 배워.

알고 보면 별 것 아닌 전치사와 관사의 결합형!

포르투갈어 정관사 o, a, os, as는 전치사 a [아] (~로), de [지] (~의), em [잉] (~에), por [뽀르] (~대하여)와 만나 새로운 결합 형태를 만듭니다.
철자를 '더하기' 한 정도로 생각하시면 됩니다.
참고로 a는 전치사와 정관사의 기능이 있습니다.

a+o= ao [아우]   a+a= à [아]   a+os= aos [아우스] a+as= às [아스]
de+o= do [두]   de+a= da [다]   de+os= dos [두스] de+as= das [다스]
em+o= no [누]   em+a= na [나]   em+os= nos [누스] em+as= nas [나스]
por+o= pelo [뻴루] por+a= pela [뻴라] por+os= pelos [뻴루스] por+as =pelas [뻴라스]

011

'난 축구하고 싶어.'
하고 싶은 게 있다는 건 행복이야!

Eu quero jogar futebol. [에우 께루 죠가르 푸찌보우.]

Easy
It makes learning
a language fun and fast.

Fun
It makes learning
a language fun and fast.

Quick
It makes learning
a language fun and fast.

Eu quero jogar futebol.

querer 동사, 전치사 de / com

브라질에서는 엄지손가락을 치켜세우는 것만으로도
의사소통의 반을 해결할 수 있습니다.
그만큼 '좋다.' 또는 '괜찮죠?' 라는 표현을 즐겨 쓴다는 거죠.
소심하게 동의를 구하는 친구에게, 강렬하게 엄지손가락 대답을 날려보세요~.

브라질의 축구문화

브라질 사람들은 아주 어렸을 때부터 축구장이 없어도, 유니폼이 없어도, 길목에서건 공터에서건 그저 공만 있으면 목숨을 걸고 달리는 진정한 동네 축구 **pelada** [뻴라다]의 달인들입니다. 축구에 대한 사랑이 종교의 수준을 넘어서다 보니, 태어나자마자 응원해야 되는 프로축구팀이 정해지기까지 합니다. 마치 축구로 세례를 받는다고 할까요. 결혼을 하면 각자의 팀을 응원하게 되기도 하는데요, 때문에 경기가 있을 때면 경기장과 가정의 거실은 승부의 현장이 됩니다. 브라질 사람들은 축구를 너무 좋아해서 라이벌 팀들이 맞붙을 때면 축구를 보느라 시내가 한적할 정도인데, 특히 토요일이나 일요일에 경기가 있으면 도시는 텅 빈 느낌마저 든답니다.

참고적으로 워낙 목숨 건 열혈 팬들이 많아서 술 한 잔 했을 때에는 가급적 축구 얘기는 피하는 게 상책입니다. 정치나 종교에 대한 이야기도 그렇고요. ^^;

이번에는 포르투갈어로 '원하다' 란 동사 **querer** [께레르]를 배워보겠습니다. **querer** 동사도 불규칙 동사인데요, 먼저 인칭에 따라 활용을 해보면 다음과 같습니다.
Eu - quero [께루], **Você/Ele/Ela/O senhor/A senhora/A gente - quer** [께르], **Nós - queremos** [께레무스], **Vocês/Eles/Elas/Os senhores/As senhoras - querem** [께렝]

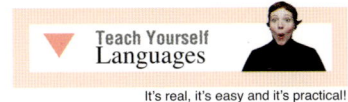

브라질 친구 얼른 만드세요~!

포르투갈어를 잘하고 싶으면 가장 먼저, 친구 사귀길 권합니다.
직접 만나거나 메일 또는 전화로 의사소통을 하면 짧은 시간 안에 실력이 제대
로 늘기 때문이죠.

'친구를 사귀다' 란 표현은 포르투갈어로 '파제르 아미구스' (**fazer amigos**)
입니다. 흥미롭죠? 브라질에서도 '친구 만들기' 라고 말하니 말이에요.
(**comigo** [꼬미구] 나랑, **ver** [베르] 보다, **o jogo** [죠구] 경기, **falar** [팔라르] 말하다,
fazer [파제르] 만들다, **o amigo** [아미구] 친구, **a gente** [젱찌] 우리, **dançar** [당싸르]
춤을 추다)

Eu quero jogar futebol.
[에우 깨루 죠가르 푸찌보우.] 나 축구하고 싶어.

Você quer falar comigo?
[보쎄 깨르 팔라르 꼬미구?] 너 나랑 말하고 싶은 거니?

Nós queremos ver o jogo de futebol.
[노스 깨레무스 베르 우 죠구 지 푸찌보우.] 우린 축구 경기가 보고 싶어.

Vocês querem fazer amigos coreanos?
[보쎄스 깨렝 파제르 아미구스 꼬레아누스?] 너희들 한국인 친구 사귀고 싶니?

A gente quer dançar.

[아 쟁찌 께르 당싸르.] 우린 춤추고 싶어.

명사구의 어순에 대해서 잠시 알아볼까요?
앞에서 배운 **o jogo de computador** [죠구 지 꽁뿌따도르]가 '컴퓨터 게임' 이란 표현이었죠? 이번에 나온 **o jogo de futebol** [죠구 지 푸찌보우]는 '축구 게임' 이란 뜻입니다. 공통점은 '게임' 이란 단어가 앞에 나오고 전치사 **de** [지] (~의)가 쓰였다는 점이에요. 우리말 어순과 반대인 셈이죠.

이번에는 **querer** 동사를 사용해서 주문을 할 때 또는 무엇을 권하거나 요청할 때 쓰는 문장을 만들어 보겠습니다. 다음 문장을 기억해주세요.
(**uma** [우마] 하나(여성형), **a cerveja** [쎄르베쟈] 맥주, **um** [웅] 하나, **o momento** [모멩뚜] 순간, **o suco** [쑤꾸] 주스, **a água** [아꽈] 물)

Eu quero uma cerveja.

[에우 께루 우마 쎄르베쟈.] 맥주 하나 줘.

Um momento, por favor.

[웅 모멩뚜, 뽀르 파보르.] 잠시만 기다려.

Vocês querem um suco?

[보쎄스 께렝 웅 쑤꾸?] 너희들 주스 원하니?

A gente quer água.

[아 쟁찌 께르 아꽈.] 우리는 물을 원해.

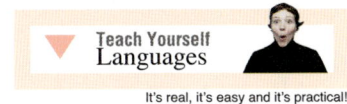

세계 최대 커피 생산국 브라질

브라질은 명실공히 세계 최대의 커피 생산국으로 전세계 생산량의 40% 정도를 차지하는데, 주로 미나스제라이스 주와 상파울루 주에서 생산되고 있습니다. 미국에 이어 세계 두 번째 커피 소비국인 브라질, 대부분의 브라질 사람들은 아침부터 저녁까지 커피를 수시로 마십니다. 특히 **café expresso** [까페 이스쁘레쑤] (에스프레소 커피)는 잔이 넘칠 정도로 설탕을 많이 넣어 두세 번 정도 가볍게 저은 다음 마십니다. 고기를 배부르게 먹고 난 후에 마시는 '까페 이스쁘레쑤' 는 그야말로 환상‼ 짜르르한 그 느낌, 소화에는 최고입니다. 여러분이 브라질식 바비큐 **churrasco** [슈하스꾸]를 먹고 산뜻하게 마무리하고 싶을 때, 친구가 이렇게 물어올 수 있습니다.
(**claro** [끌라루] 물론)

Você quer um café?
[보쎄 께르 웅 까페?] 커피 한 잔 할래?

Claro.
[끌라루.] 물론이지.

때마침 친구가 만들어준 커피도 마셨으니 이제는 뭘 할까요? 친구에게 '지금 뭐 하고 싶니? 라고 물어볼까요? 참고로 의문사가 있는 의문문은 의문사를 문장의 맨 앞에 써주고 주어와 동사를 써줍니다.
(**o que** [우 끼] 무엇, **fazer** [파제르] 하다, **agora** [아고라] 지금, **a televisão** [뗄레비저웅] 텔레비전, **passear** [빠씨아르] 산책하다)

O que você quer fazer agora?

[우 끼 보쎄 께르 파제르 아고라?] 너 지금 뭐하고 싶어?

Quero ver televisão.

[께루 베르 뗄레비저웅.] 텔레비전 보고 싶어.

Vamos passear?

[바무스 빠씨아르?] 산책 나갈까?

전치사 de와 com

앞에서 전치사 em은 '~에', a는 장소 앞에서 '~로'로 쓰이는 것을 배웠습니다. 이번에는 전치사 de의 순서인데, 주로 '~의'라는 의미로 쓰여요. 영어와 굳이 비교하자면 of와 용법이 가장 가까운데, 장소와 함께 올 때는 from과 비슷합니다. 또한 이미 나왔던 '~와 함께'란 의미로 쓰이는 com이란 전치사가 있는데요, 이 전치사는 예외적으로 1인칭 단수와 복수 목적격대명사와 함께 쓰일 때 독특한 형태로 변한답니다. 그 외에는 목적격대명사 자리에 주격대명사가 그대로 옵니다.

(fazer [파제르] 만들다, a amizade [아미자지] 우정, fazer amizade [파제르 아미자지] 친구가 되다, da [다] = de [지] + a [아], de [지] ~로부터, a Coreia [꼬레이아] 대한민국, do [두] = de [지] + o [우], o Brasil [브라지우] 브라질, ao [아우] = a [아] + o [우])

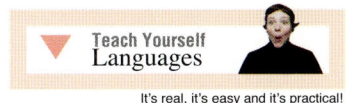
com + eu ➔ comigo

[꼬미구] 나와 함께 (1인칭 단수와 함께 쓰이는 경우)

com + você/ele/ela/o senhor/a senhora/a gente

[꽁 보쎄/엘리/엘라/우 씽요르/아 씽요라/아 젱찌] 너/그/그녀/당신(남성)/당신(여성)/우리와 함께 (3인칭 단수와 함께 쓰이는 경우)

com + nós ➔ conosco

[꼬노스꾸] 우리와 함께 (1인칭 복수와 함께 쓰이는 경우)

com + vocês/eles/elas/os senhores/as senhoras

[꽁 보쎄스/엘리스/엘라스/우스 씽요리스/아스 씽요라스] 너희들/그들/그녀들/당신들(남성)/당신들(여성)과 함께 (3인칭 복수와 함께 쓰이는 경우)

Eu sou da Coreia.

[에우 쏘우 다 꼬레이아.] 나는 대한민국 출신이야.

Você é do Brasil?

[보쎄 에 두 브라지우?] 너 브라질 출신이야?

Eu quero ir com você ao cinema.

[에우 께루 이르 꽁 보쎄 아우 씨네마.] 난 너와 함께 영화관에 가고 싶어.

Você quer falar comigo?

[보쎄 께르 팔라르 꼬미구?] 너 나랑 말하고 싶니?

A gente quer fazer amizade com vocês.

[아 젱찌 께르 파제르 아미자지 꽁 보쎄스.] 우린 너희들하고 친구가 되고 싶어.

Easy
It makes learning
a language fun and fast.

Fun
It makes learning
a language fun and fast.

Quick
It makes learning
a language fun and fast.

Eu estou feliz agora.

012

'나는 지금 행복해요!'
누구랑 같이 있는데?

Eu estou feliz agora.

[에우 이스또우 펠리스 아고라.]

estar 동사 (1), 현재진행, 장소부사

하루 24시간 중에 행복하다고 느끼며 보내는 시간과 그렇지 않은 시간의
비율에 대해 생각해보신 적 있으세요?
잠시 불쾌했던 일 때문에 나머지 하루의 기분을 내버리진 마세요~!

일등만 기억하는 더러운 세상!?

타고난 외모 역시 실력으로 인정받아야 한다고 공공연히 말하는 세상!
개콘 박성광 님이 터뜨렸던 유행어! '일등만 기억하는 더러운 세상!' 이 말을
떠올릴 때마다 쓴웃음을 짓게하는 현실! 이런 세상에서 가끔 갑갑함을 느낍
니다. 하지만 어떠한 경우에도, 세상은 '나의 소중함' 으로부터 시작된다는
사실! 자신감을 다지며, 오늘도 씩씩하게 '나의 세상' 을 만들어 갑니다.

이 장에서는 기분이나 감정을 표현해보도록 하겠습니다. 앞에서 배웠던 **ser**
[쎄리] 동사는 직업, 국적, 이름 등을 말할 때 썼는데, 영속성이 있는 성격이
나 타고난 외모 등을 표현할 때도 사용합니다.
(**simpático(a)** [씽빠찌꾸(까)] 상냥한, **bonito(a)** [보니뚜(따)] 잘생긴, 예쁜)

Você é simpático(a).
[보쎄 에 씽빠찌꾸(까).] 넌 상냥해.

Eu sou bonito(a).
[에우 쏘우 보니뚜(따).] 난 잘 생겼어.

누가 상냥하거나 친절하다고 말하고 싶을 때는 남성에게는 '씽빠찌꾸', 여
성에게는 '씽빠찌까' 라고 합니다. 브라질에서 처음 만나는 사람 또는 어떤
인물에 대한 평을 할 때 가장 보편적으로 사용하는 단어랍니다.

Easy
It makes learning
a language fun and fast.

Fun
It makes learning
a language fun and fast.

Quick
It makes learning
a language fun and fast.

It makes learning
a language fun and fast.

It's real,
it's easy and
it's practical!

It⬤real, it's
easy and it's
practical!

12

It's real,
it's easy and
it's practical!

난 예뻐! 유일하니까!

거울 속에서 자신을 만나면, **Eu sou bonito(a).** 라고 말해주세요!
여러분은 세상에 유일하기에 분명 가장 아름답습니다.

남성이 브라질 여성에게 직접 얼굴을 마주하며 **Você é bonita.** [보쎄 에 보니
따.] (넌 아름다워.)라고 말하면 브라질 여성은 '이 남자 흑심있네.' 라고 오해
할 수 있습니다. 우리나라 사람들은 특별한 의도 없이 칭찬삼아 해주는 말이지
만 브라질 정서는 약간 다르기 때문에 특별히 주의가 필요한 표현입니다. 마찬
가지로 브라질 남성에게 **Você é bonito.** [보쎄 에 보니뚜.] (넌 잘 생겼어.)라
고 말해도 어색하고 민망한 분위기가 될 수 있습니다. 특히 남성이 다른 남성
에게 이렇게 말하면 아주 곤란해요. ㅋㅋ 결론! 브라질 사람과 대화할 때는 상
대의 외모에 대한 직접적인 발언은 피하시고, 대신 제 3자에 대해서는 마음껏
사용해도 좋~습니다!

6과에서 배운 **ser** 동사가 타고난 속성이나 지속적인 상태를 표현할 때 주로 쓰
였다면, 이번에 배울 새로운 동사 **estar** [이스따르]는 잠정적인 '~인 (상태)이
다' 또는 장소를 나타내는 말과 함께 쓰여 '~ 장소에 있다' 란 의미를 나타냅니
다.
Eu - estou [이스또우], **Você/Ele/Ela/O senhor/A senhora/A gente - está**
[이스따], **Nós - estamos** [이스따무스], **Vocês/Eles/Elas/Os senhores/As**
senhoras - estão [이스떠웅]

(feliz [펠리스] 행복한, agora [아고라] 지금, triste [뜨리스찌] 슬픈, como [꼬무] 어떻게, hoje [오줴] 오늘, aqui [아끼] 여기, onde [옹지] 어디에, no [누] = (전치사) em [잉] ~에 + (정관사) o [우])

Eu estou feliz agora.

[에우 이스또우 펠리스 아고라.] 나 지금 행복해.

Você está triste?

[보쎄 이스따 뜨리스찌?] 너 슬퍼?

Como estou?

[꼬무 이스또우?] (나) 어때?

Você está bonito(a).

[보쎄 이스따 보니뚜(따).] (현재) 너 보기 좋아.

Onde vocês estão?

[옹지 보쎄스 이스떠웅?] 너희들 어디 있어?

Nós estamos aqui.

[노스 이스따무스 아끼.] 우리 여기 있어.

A gente está no cinema.

[아 쩽찌 이스따 누 씨네마.] 우리 영화관에 있어.

앞에서 말씀드렸듯이 직접적으로 상대방의 외모에 대해 말할 때 **ser** 동사로 표현하는 것은 피해야 하지만 **estar**동사를 써서 말하면 그런 걱정 없이 분위기를 업! 시킬 수 있답니다. *^^*

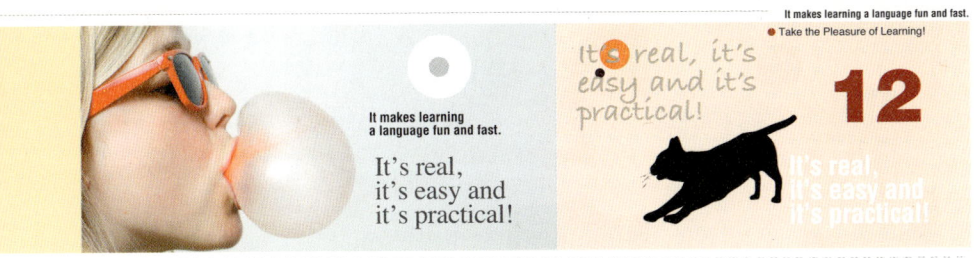

It makes learning a language fun and fast.
● Take the Pleasure of Learning!

It's real, it's easy and it's practical!

12

It makes learning a language fun and fast.

It's real, it's easy and it's practical!

It's real, it's easy and it's practical!

사생활 존중과 배려는 기본!

우리는 종종 상대방의 나이나 결혼, 이성 친구에 대해 스스럼 없이 질문하곤 합니다. 하지만 이런 말들은 서로 어느 정도 친분이 쌓인 사이에서 주고받는 게 좋습니다. 서로 제대로 모를 때는 브라질 친구들의 경우, 특히 사생활을 중요시 여기기 때문에 당황할 수 있거든요. 브라질 친구를 만날 때 이점, 특별히 유념하시길 바랍니다.

바로 이런 상식들이 쌓이면 글로벌 매너가 몸에 배지 않을까요?

(**seu** [쎄우] 너의(남성명사 단수형 앞), **o namorado** [나모라두] 남친, **sua** [쑤아] 너의(여성명사 단수형 앞), **a namorada** [나모라다] 여친)

Onde você está?

[옹지 보쎄 이스따?] 너 어디야?

Com quem você está?

[꽁 껭 보쎄 이스따?] 너 누구랑 있어?

Está com seu namorado?

[이스따 꽁 쎄우 나모라두?] 남친이랑 있는 거야?

Está com sua namorada?

[이스따 꽁 쑤아 나모라다?] 여친이랑 있는 거야?

뭐 하고 있어?

다음에 소개하는 '~를 하고 있다.' 란 구문은 현재 어떤 일이 진행되고 있음을 나타냅니다. 포르투갈어의 현재진행 공식은 'estar 동사 + -ando/-endo/-indo' 인데요, estar 동사를 써준 다음에 동사원형에서 -r를 빼고 -ndo를 붙인 형태(예를 들자면 estudar → estudando, fazer → fazendo, abrir → abrindo)를 함께 쓰는데 영어의 'be + ~ing' 형을 만드는 것과 같습니다.

(fazer [파제르] 하다, estudar [이스뚜다르] 공부하다, abrir [아브리르] 열다, a janela [쟈넬라] 창문)

O que você está fazendo?

[우 끼 보쎄 이스따 파젱두?] 뭐 하고 있어?

Estou estudando português.

[이스또우 이스뚜당두 뽀르뚜게스.] 포르투갈어 공부하고 있어.

Ela está abrindo a janela.

[엘라 이스따 아브링두 아 쟈넬라.] 그녀는 창문을 열고 있어.

 **Easy** It makes learning a language fun and fast.

 **Fun** It makes learning a language fun and fast.

 **Quick** It makes learning a language fun and fast.

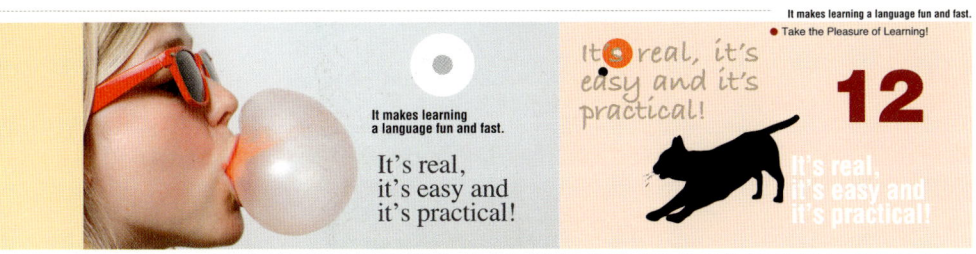

It makes learning a language fun and fast.
● Take the Pleasure of Learning!

12

장소부사 정렬!

aqui [아끼] 여기	**aí** [아이] 거기
ali [알리] 저기	**lá** [라] 저기, 거기 (ali보다 더 먼 거리의 개념)

장소부사 '라' (**lá**)는 '알리' (**ali**)보다 말하는 사람과 듣는 사람으로부터 떨어
져 있는 장소를 가리키는데, 주로 먼 장소 또는 보이지 않는 장소를 가리킬 때
씁니다. 문장 속에서 어떻게 쓰이고 있는지 좀 더 알아보겠습니다.
참고로 김연아처럼 아주 잘 알려진 유명인사 이름 앞에는 보통 정관사를 쓰는
데 친근하게 느끼기에 그렇습니다.

Eu estou aqui.

[에우 이스또우 아끼.] 나 여기 있어.

Você está aí!

[보쎄 이스따 아이!] 너 거기 있구나!

Eles estão ali.

[엘리스 이스떼웅 알리.] 그들은 저기 있어.

A Yuna Kim está lá?

[아 유나 킴 이스따 라?] 김연아가 거기 있니?

Easy
It makes learning
a language fun and fast.

Fun
It makes learning
a language fun and fast.

Quick
It makes learning
a language fun and fast.

013

Como está o tempo hoje?

013

'오늘 날씨 어때?
장난 아니야. 완전 더워!
Como está o tempo hoje?

[꼬무 이스따 우 뗑뿌 오쥐?]

estar 동사 (2), 날씨, 건강상태 표현

열대기후의 브라질! 식전공복, 아침부터 맥주를 마시기도 합니다.
맥주를 일반음료처럼 마시는 나라, 그렇지만 폭음이나 과음은 삼가하죠.

심상치 않은 지구의 건강!

배기가스와 이산화탄소 배출로 극심한 몸살을 앓고 있는 지구. 한 술 더 떠서 지구의 허파인 아마존마저 벌목과 개발로 급속히 파괴되고 있습니다. 이로 인해 지구 반대편의 우리나라마저도 여름은 더 더워지고 겨울은 더 추워지고 있습니다. 날씨는 지구의 건강상태를 나타내는 바로미터입니다. 지구를 살릴 수 있는 크고 작은 모든 실천이 절실한 순간입니다.

날씨 관련 표현을 배워보겠습니다. 날씨 표현은 **estar** 동사의 3인칭 단수를 써서 표현합니다. (**o tempo** [뗑뿌] 날씨, **o calor** [깔로르] 더위, **o frio** [프리우] 추위)

Como está o tempo hoje?
[꼬무 이스따 우 뗑뿌 오줴?] 오늘 날씨 어때?

Está calor.
[이스따 깔로르.] 더워.

Está frio.
[이스따 프리우.] 추워.

Está bom.
[이스따 봉.] 좋아.

계절을 모르는 감기!

여름감기에 걸렸을 때가 가장 곤혹스럽습니다. 오죽하면 개도 안 걸린다고 했을까요! 감기에 더위에 이중고를 선사하는 것이 여름감기입니다. 혹시 지금 감기 중인 건 아니시죠?

'너, 괜찮아?' 라고 물을 땐, 여러분이 이미 알고 계시는 **bem**을 사용하시면 됩니다. **bem**이 건강에 관련되어 쓰이면 부사가 아닌 형용사로 '(건강이) 좋은' 이란 뜻으로 쓰이는데 영어의 **well**과 같은 용법입니다. 감기가 걸렸을 때는 '독감' 이란 단어 **a gripe** [그리삐]로 표현할 수 있습니다. 그런데 코만 좀 막히고 목이 약간 불편한 정도일 때는 '가벼운 감기에 걸린' 이란 형용사 **resfriado(a)** [헤스프리아두(다)]를 써서 말하시면 됩니다. 뭐, 사실 요즘은 엄격하게 구분하지는 않지만요.
(**com** [꽁] 가지고, ~와 함께, **gripado(a)** [그리빠두(다)] 감기에 걸린, **ter** [떼르] 가지다, **a barriga** [바히가] 배, **o estômago** [이스또마구] 위(장))

Teach Yourself Languages

Você está bem?
[보쎄 이스따 벵?] 너 괜찮니?

Estou (bem). / Não estou (bem).
[이스또우 (벵). / 너웅 이스또우 (벵).] 괜찮아. / 안 괜찮아.

Eu estou com gripe. = Estou gripado(a).
[에우 이스또우 꽁 그리삐.] [이스또우 그리빠두(다).] 나 감기 걸렸어.

Estou resfriado(a).
[이스또우 헤스프리아두(다).] (가벼운) 감기에 걸렸어.

O que você tem?
[우 끼 보쎄 뗑?] 어디가 아픈데?

Easy
It makes learning
a language fun and fast.

Fun
It makes learning
a language fun and fast.

Quick
It makes learning
a language fun and fast.

Estou com dor de barriga.

[이스또우 꽁 도르 지 바히가.] 배가 아파.

Estou com dor de estômago.

[이스또우 꽁 도르 지 이스또마구.] 위가 아파.

Estar com + 명사 구문

'어디가 아프다'는 '동사 **estar** + 전치사 **com** + **dor** [도르] (통증) + **de ~**' 로 표현합니다. '두통, 치통' 또는 '목이 아프다' 등의 신체 부위의 통증을 말할 때는 '**cabeça** [까베싸] 머리, **dente** [뎅찌] 이(치아)', '**garganta** [가르강따] 목(구멍)' 이란 단어만 '~' 자리에 넣어주면 됩니다. '열' 이 난다고 할 때는 '감기가 들었다' 라는 표현처럼 그 냥 **com** 다음에 **febre** [페브리]를 써주면 끝나고요! (**meu** [메우] 나의(남성명사 단수 앞), **o irmão** [이르머 웅] 남동생, 오빠, 형, **minha** [밍야] 나의(여성명사 단 수 앞), **a irmã** [이르망] 여동생, 언니, 누나)

Você está com dor de cabeça?

[보쎄 이스따 꽁 도르 지 까베싸?] 너 머리 아파?

Você está com dor de dente?

[보쎄 이스따 꽁 도르 지 뎅찌?] 너 이가 아프니?

Easy
It makes learning
a language fun and fast.

Fun
It makes learning
a language fun and fast.

Quick
It makes learning
a language fun and fast.

 **Easy** It makes learning a language fun and fast.
 **Fun** It makes learning a language fun and fast.
 **Quick** It makes learning a language fun and fast.

Meu irmão está com febre.

[메우 이르머웅 이스따 꽁 페브리.] 내 남동생이 열이 있어.

Minha irmã está com dor de garganta.

[밍야 이르망 이스따 꽁 도르 지 가르강따.] 우리 언니가 목이 아파.

이번에는 날씨 표현에서 나왔던 명사들을 그대로 사용한 '덥다', '춥다' 와 그 외
표현을 어떻게 하는지 알아보겠습니다.
(**a sede** [쎄지] 갈증, **a fome** [포미] 배고픔)

Você está com calor?

[보쎄 이스따 꽁 깔로르?] 너 더워?

Eu estou com frio.

[에우 이스또우 꽁 프리우.] 나 추워.

Você está com sede?

[보쎄 이스따 꽁 쎄지?] 너 갈증 나니?

Eu estou com fome.

[에우 이스또우 꽁 포미.] 나 배고파.

참고로 말씀드리면, 최근 브라질에서는 특히 젊은 층을 중심으로 '이스따르 꽁
~' (**estar com** ~) 구문 대신 **ter**동사를 쓰기도 합니다. (9과 참조) 원래 **estar
com**은 말하는 순간의 '상태' 를, **ter**는 '반복성이나, 항상성이 있는 경우' 에 쓴답
니다. 예를 들어 '운동하면 항상 배고프다' 란 식의 표현에 주로 사용하죠.

Tenho fome.

[뗑유 포미.] (나) 배고파.

Easy
It makes learning
a language fun and fast.

Fun
It makes learning
a language fun and fast.

Quick
It makes learning
a language fun and fast.

뭔가가 고플 때!

식사 시간은 아직 아닌데 출출할 때, 브라질 사람들은 카페나 바에서 간식을 즐깁니다. 브라질식 핫도그인 까쇼후 깽찌(**cachorro quente**), 닭고기나 새우 등으로 만든 조그만 파이 엥빠다(**empada**), 양념한 닭고기를 송편처럼 빚은 반죽에 넣어 튀긴 꼬싱야(**coxinha**), 만두의 일종인 빠스떼우(**pastel**), 만지오까가루와 치즈로 만드는 뻐웅 지 께이쥬(**pão de queijo**) 등은 언제 먹어도 좋은 간식이죠. '뭘 좀 먹으러 갈까?' 라고 할 땐, 앞에서 배운 '가다' 란 동사를 쓰면 됩니다. 참고로 **ir** 동사는 다른 동사와 함께 쓰면 '~ 하러 가다' 또는 '가서 ~ 하다' 로 해석할 수 있어요.
(**comer** [꼬메르] 먹다, **alguma** [아우구마] 어떤, **a coisa** [꼬이자] 것, **a ideia** [이데이아] 생각, **boa** [보아] 좋은, **tomar** [또마르] 마시다, 먹다)

Vamos comer alguma coisa?
[바무스 꼬메르 아우구마 꼬이자?]
뭘 좀 먹으러 갈까? / 뭘 좀 먹을까?

Boa ideia.
[보아 이데이아.] 좋은 생각이야.

Vamos tomar alguma coisa?
[바무스 또마르 아우구마 꼬이자?]
뭘 좀 마시러 갈까? / 뭘 좀 마실까?

Vamos.
[바무스.] 그러자.

Easy
It makes learning
a language fun and fast.

Fun
It makes learning
a language fun and fast.

Quick
It makes learning
a language fun and fast.

Brazil

이름부터 웅장한 이과수 폭포!

브라질 관광의 대표주자는 역시 이과수(원주민 인디언 언어로 거대한 물이란 의미) 폭포 **Cataratas do Iguaçu** [까따라따스 두 이과쒸]입니다. 미국과 캐나다의 국경선에 걸쳐 있는 나이아가라 폭포보다 규모 면에서 비교가 안 될 정도로 거대하죠. 2005년, 룰라 대통령이 우리나라를 방문했을 때 이과수 폭포에 비하면 나이아가라 폭포는 샤워기라고 말했다고 합니다.

다리를 건너서 이과수 폭포의 핵심이라고 할 수 있는 '악마의 목구멍' **Garganta do Diabo** [가르강따 두 지아부]에 도착하면 웅장한 장관의 절정이 눈앞에 펼쳐지는데, 이름처럼 많은 물줄기가 한꺼번에 모이는 곳입니다.

둥그렇게 생긴 지형 속으로 굉음을 내며 빨려드는 엄청난 폭포를 보고 있노라면 마치 자신이 빨려 들어갈 것 같은 느낌마저 듭니다.

뭐니뭐니해도 이과수 폭포 관광에서 빼놓을 수 없는 것은 래프팅 보트를 타고 폭포 바로 아래까지 들어가 보는 것입니다. 엄청난 굉음 속에서 머리 위로 쏟아지는 물줄기를 온몸으로 느끼는 스릴, 평생 잊을 수 없죠! 눈이 머무는 곳마다 여러분의 시선을 잡는 무지개 또한 장관입니다.

Take the Pleasure of Learning!
It makes learning a language fun and fast.

014
Você
tem
tempo
livre?

014

'너 시간 있니?
같이 점심이라도...
Você tem tempo livre?

[보쎄 뗑 뗑뿌 리브리?]

ter 동사 (2), 전치사 para + 목적격 대명사

아무리 커뮤니케이션 첨단시대를 살고 있어도
직접 만나 얼굴을 마주보며 나누는 대화만큼 좋을 순 없습니다.
직접만남, 급만남, 쌩얼만남이 가장 인간적이죠!

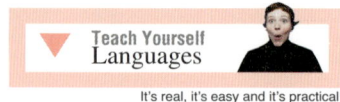

▼ **Teach Yourself**
Languages

It's real, it's easy and it's practical!

궁금한 건 못 참아...

ter 동사를 사용해서 애인이 있는지를 물어볼 수도 있습니다. 물론 어느 정도 친분을 쌓은 사이일 때만 물어보세요. ^_^ 참고로 '아직' (ainda)이란 부사는 '아직 아니다' 라고 할 때 부정어 바로 앞에 오지만, 포르투갈어의 부사는 보통 문장의 앞이나 뒤에 위치합니다. 하지만 강조하고 싶은 단어의 바로 앞이나 뒤에 올 수도 있어요.
(**ainda** [아잉다] 아직, **também** [떵벵] 또한, 역시)

Você tem namorado(a)?

[보쎄 뗑 나모라두(다)?] 너 남친(여친) 있니?

Ainda não tenho. E você?

[아잉다 너웅 뗑유. 이 보쎄?] 아직 없어. 그런데 넌?

Eu também não tenho.

[에우 떵벵 너웅 뗑유.] 나도 역시 없어.

이번에는 함께 시간을 보내고 싶을 때 약속이 있는지 물어보는 표현을 소개하겠습니다. '지금' (agora)이란 부사도 역시 문장의 앞이나 뒤에 올 수 있답니다.
(**o compromisso** [꽁쁘로미쑤] 약속, **agora** [아고라] 지금, **por quê** [뽀르 께] 왜, **almoçar** [아우모싸르] 점심 먹다, **a fome** [포미] 배고픔, **que** [끼] (감탄문을 만들 수도 있는) 무엇, 어느, **a pena** [뻬나] 애석함, 안타까움)

Fun & Quick
It makes learning
a language fun and fast.

Portuguese
Learn Portuguese!

Take the Pleasure of Learning! It makes learning a language fun and fast.

Você tem compromisso agora?

[보쎄 뗑 꽁쁘로미쑤 아고라?] 너 지금 약속 있어?

Não tenho. Por quê?

[너웅 뗑유. 뽀르 께?] 없어. 왜?

Vamos almoçar?

[바무스 아우모싸르?] 점심 먹으러 갈까?

Eu ainda não tenho fome.

[에우 아잉다 너웅 뗑유 포미.] 나 아직 배 안 고픈데.

Que pena. Eu quero almoçar agora.

[끼 뻬나. 에우 께루 아우모싸르 아고라.] 이런. 난 지금 점심 먹고 싶은데.

매일 매일이 주말 같았으면!

브라질의 금요일은 길을 따라 늘어선 바마다 밤늦게까지 많은 사람들로 북새
통을 이룹니다. 수많은 커플들이 다른 사람들의 시선은 아랑곳하지 않고 사랑
을 속삭이며, 음악에 맞춰 춤을 추기도 하죠. 바쁜 일상이 바로 그 순간을 위한
것이었다고 말하기라도 하는 듯 말이에요. 아름다운 그들의 모습...

사귀는 사람이 없다고 주말을 대충 보낼 순 없겠죠?
방콕을 사랑하는 친구를 찾아가 이렇게 제안해보는 건 어떨까요?

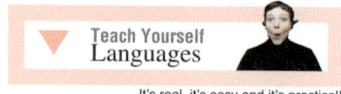

Teach Yourself
Languages

It's real, it's easy and it's practical!

(**boa** [보아] 좋은, **a ideia** [이데이아] 생각, **qual** [꽈우] 무엇, **para** [빠라] ~로(를 향해), **a praia** [쁘라이아] 해변, **amanhã** [아망양] 내일)

Nós temos uma boa ideia.

[노스 떼무스 우마 보아 이데이아.] 우리한테 좋은 생각이 있어.

Qual?

[꽈우?] 뭔데?

Vamos para a praia amanhã.

[바무스 빠라 아 쁘라이아 아망양.] 내일 해변에 가자.

Tá bom.

[따 봉.] 좋아.

브라질 사람들은 주말이나 연휴가 되면 썰물이 빠져 나가듯이 해변으로 달려갑니다. 사람들이 떠난 텅 빈 도시에 홀로 남아 있으면, 우리와는 참 다른 문화를 피부로 느끼게 되죠. 또한 브라질 친구들은 특히 주말에 친구들이나 가족과 함께 하는 시간을 많이 갖습니다. 이런 브라질 사람들을 생각할 때면 전 가끔 가장 사랑하는 사람과 나 자신은 얼마나 많은 시간을 함께 하는지 스스로 질문해보기도 합니다.
여러분은 어떠세요?

전치사 para 그리고 목적격대명사

이번에는 앞의 예문에 등장한 전치사 **para**와 친해지는 시간입니다. 전치사 **para**는 '~로' 란 의미 외에도 '~에게, ~를 위하여' 로 쓰입니다. 전치사 **para** 뒤에 오는 목적격에 대해 말씀드리자면, '나에게' 라는 표현에서는 **para** 뒤에 **eu**가 오지 않고 독특하게 생긴 목적격대명사 **mim** [밍]이 오는데, 그 외의 나머지 목적격대명사는 몽땅! 주격대명사를 그대로 사용합니다.

para + mim [빠라 밍] 나에게, 나를 위해

para + você/ele/ela/o senhor/a senhora/a gente
[빠라 보쎄/엘리/엘라/우 씽요르/아 씽요라/아 쟁찌]
너/그/그녀/당신(남성)/당신(여성)/우리에게, ~를 위해

para + nós/vocês/eles/elas/os senhores/as senhoras
[빠라 노스/보쎄스/엘리스/엘라스/우스 씽요리스/아스 씽요라스]
우리들/너희들/그들/그녀들/당신들(남성)/당신들(여성)에게, ~을 위해

예문을 통해서 전치사 **para**와 목적격이 어떻게 쓰이는지 구체적으로 알아보겠습니다.

(**a pergunta** [뻬르궁따] 질문, **alguma** [아우구마] 어떤(영어의 **any**), **mim** [밍] 나 (전치사 뒤에 오는 형태), **o presente** [쁘레쟁찌] 선물)

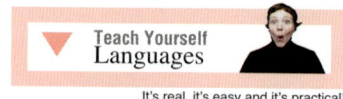

Teach Yourself
Languages

It's real, it's easy and it's practical!

Eu tenho uma pergunta para você.

[에우 뗑유 우마 뻬르궁따 빠라 보쎄.] 너한테 질문이 있어.

Você tem alguma pergunta para mim?

[보쎄 뗑 아우구마 뻬르궁따 빠라 밍?] 너 나한테 질문할 거 있어?

Nós temos um presente para os senhores.

[노스 떼무스 웅 쁘레젱찌 빠라 우스 씽요리스.]
우리는 당신들에게 줄 선물이 있어요.

Vocês têm presentes para nós?

[보쎄스 뗑 쁘레젱찌스 빠라 노스?]
너희들 우리한테 줄 선물 있니?

위 문장에서 단수로 나온 명사 '뻬르궁따' 앞에 '우마'
또는 '아우구마' 가 쓰였죠? 평서문에서는 '우마', 의문
문에서는 '아우구마' 를 쓰면 아주 세련된 질문이 됩니
다.

다양한 색깔의 브라질

브라질을 다녀온 분들로부터 들은 얘기 중 하나가 '브
라질 사람들은 다 가무잡잡한 피부일 거라고 생각했는
데 의외로 백인이 많더라.' 였습니다.

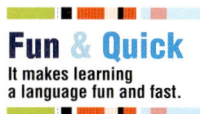

Fun & Quick
It makes learning
a language fun and fast.

Portuguese
Learn Portuguese!

Take the Pleasure of Learning! It makes learning a language fun and fast.

브라질은 워낙 이민자가 많은 국가이다 보니 세계 각지의 모든 인종이 살고 있고, 한눈에 보기에도 피부색 또한 그만큼 다양합니다. 그래서일까요? 브라질은 카니발을 통해서 보듯 색깔이 아주 풍부한 나라입니다. 어찌보면 우리의 정서로 볼 때는 촌스러울 수 있는 원색과 다소 과장된 색상의 조합이 쉽게 소화하기 어려워 보이지만, 브라질은 남국의 정서를 화끈하게 표현하고 있습니다.

amarelo(a) [아마렐루(라)] 노란색

branco(a) [브랑꾸(까)] 흰색

cinza [씬자] 재색

marrom [마홍] 갈색

rosa [호자] 분홍색

verde [베르지] 녹색

vermelho(a) [베르멜유(야)] 빨간색

azul [아주우] 파란색

bege [베쥐] 베이지색

laranja [라랑쟈] 오렌지색

preto(a) [쁘레뚜(따)] 검정색

roxo(a) [호슈(샤)] 자주색

자음으로 끝난 색깔명은 남성과 여성형태가 따로 없어요. 복수형은 **-s**를 붙여서 만들면 됩니다. (**azul** ➜ **azuis** [아주이스], **marrom** ➜ **marrons** [마홍스]) 명사에서 유래한 **cinza**(재), **laranja**(오렌지)와 **rosa**(장미)는 성과 수에 따른 변화 없이 명사를 수식합니다.
(**o terno** [떼르누] 양복, **cinza** [씬자] 재색, 회색)

os ternos cinza [우스 떼르누스 씬자] 회색 양복들

015
'어디로 갈까? 언제가 좋을까?
Para onde vamos? [빠라 옹지 바무스?]

Easy
It makes learning
a language fun and fast.

Fun
It makes learning
a language fun and fast.

Quick
It makes learning
a language fun and fast.

시간표현 (1)

여러분은 이 순간 가장 기다리는 게 있다면 무엇인가요? 휴가? 방학? 아무튼 브라질에서는 새해와 크리스마스에 전국이 가장 많이 술렁거린답니다. 이참에 새해와 크리스마스 때 서로 건네는 인사를 알아보고 가기로 해요.

Take the Pleasure of Learning!
It makes learning a language fun and fast.

Feliz Ano Novo! [펠리즈 아누 노부] 새해 복 많이 받아!
Feliz Natal! [펠리스 나따우] 즐거운 크리스마스 보내!

(feliz [펠리스] 행복한, o Ano Novo [아누 노부] 새해, o Natal [나따우] 크리스마스)

평범한 일상 속의 작은 여행

상파울루 사람들은 주말에 커피 수출 항구로 유명한 **Santos** [쌍뚜스] 인근의 휴양도시 **Guarujá** [과루쟈]로 놀러갑니다. 이곳은 상파울루 도심에서 차로 1시간쯤 떨어진 곳에 위치한 곳으로 많은 사람들이 찾는 도시이기도 하죠. 아름다운 해변과 자연경관으로 아주 유명합니다.

다음 문장에서 확인할 수 있듯이, 포르투갈어의 의문문 중에는 의문사가 있는 것과 없는 게 있어요. 의문사가 있을 때는 문장의 맨 앞에 오는데, 전치사와 함께 쓸 경우 의문사 앞에 위치한답니다. 의문사가 없는 문장은, 그냥 끝에 물음 표만 붙이거나 목소리 톤을 높여주면 됩니다.
(cedo [쎄두] 일찍, ótimo [오찌무] 아주 좋은)

Para onde vamos?
[빠라 옹지 바무스?] (우리) 어디로 갈까?

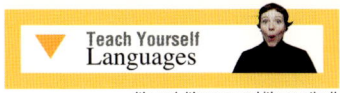

It's real, it's easy and it's practical!

Vamos para o Guarujá?
[바무스 빠라 우 과루쟈?] 과루쟈에 갈까?

Quando?
[꽝두?] 언제?

Amanhã cedo.
[아망앙 쎄두.] 내일 일찍.

Ótimo.
[오찌무.] 아주 좋아.

Quick
It makes learning
a language fun and fast.

'반시간' 이란 표현이 똑같아요!

우리말의 '반시간(30분)' 이란 표현에 대해서 알아보겠습니다. 원래 '메이아 (meia)' 란 단어는 '반' 이란 뜻을 가지고 있습니다. 그래서 이 표현이 '시간' 을 나타내는 말과 함께 쓰이면 '반시간' 이란 의미가 되는 것이지요.

(a hora [오라] 시간, às [아스] = (전치사) a [아] ~에(영어의 at) + (정관사) as [아스], meia [메이아] 반, combinado [꽁비나두] 합의된)

A que horas?
[아 끼 오라스?] 몇 시에?

Às sete (horas) e meia.
[아스 쎄찌 (오라스) 이 메이아.] 일곱 시 반에.

Combinado.
[꽁비나두.] 그렇게 하자.

시간표현의 전치사 a와 형용사적 기능의 que

앞의 첫 문장의 전치사 **a** [아]는 여기서 '~에' 란 뜻으로 영어의 at에 해당합니다. 그리고 앞에서 한번 나왔던 '끼 (**que**)' 는 뒤에 명사와 함께 쓰이면 '어느' 란 의미의 형용사 역할을 합니다. 따라서 '시간' 이란 단어 앞에 쓰이면 '몇 시' 란 뜻이 되죠. 대답할 때도 '~시에' 라고 해야 하니까 전치사 **a**와 '일곱 시 반' 이란 표현 **as sete (horas) e meia**의 맨 앞에 있는 정관사 **as**가 결합해서 **às sete (horas) e meia** [아스 쎄찌 (오라스) 이 메이아]가 된 겁니다.

또 '몇 시에?' 라는 질문 '아 끼 오라스?' 에서는 '오라스' 가 항상 복수로 쓰입니다. 대답할 때는 숫자만 말하는 게 일반적이고요.

시간의 da manhã, da tarde, da noite

포르투갈어로 시간을 표현할 때 '오전의', '오후의', '밤의' 는 각각 **da manhã**, **da tarde**, **da noite**입니다. '오전 **a manhã** [망얭, 오후 **a tarde** [따르지], 밤 **a noite** [노이찌]' 란 명사 앞에 전치사 **de** [지] (~의)와 관사 **a**가 결합한 **da**를 씁니다. 어순은 '시간 + 오전/오후/밤' 이에요.

(**a aula** [아울라] 수업, **o compromisso** [꽁쁘로미쑤] 약속, **para casa** [빠라 까자] 집으로)

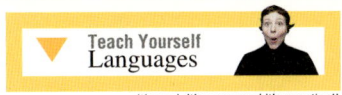
Eu tenho aula às 10 da manhã.

[에우 뗑유 아울라 아스 데스 다 망양.] 난 오전 10시에 수업이 있어.

Eu tenho um compromisso às duas da tarde.

[에우 뗑유 웅 꽁쁘로미쑤 아스 두아스 다 따르지.] 난 오후 두 시에 약속이 있어.

Você vai para casa às 9 da noite?

[보쎄 바이 빠라 까자 아스 노비 다 노이찌?] 너 밤 9시에 집에 갈 거니?

몇 가지 유용한 표현을 더 알아보기로 하겠습니다. 다소 문장이 길어진 느낌이 들지만 한번 도전해 보기로 하죠. 파이팅! *^__^*

(**tomar** [또마르] 먹다, 마시다, **o café da manhã** [까페 다 망양] 아침식사, **almoçar** [아우모싸르] 점심을 먹다, **jantar** [쟌따르] 저녁을 먹다, **bem** [벵] 잘, (건강, 몸 등이) 좋은)

A que horas você toma café da manhã?

[아 끼 오라스 보쎄 또마 까페 다 망양?] 넌 몇 시에 아침 먹니?

Às sete.

[아스 쎄찌.] 7시에.

A que horas você almoça?

[아 끼 오라스 보쎄 아우모싸?] 넌 몇 시에 점심 먹니?

À uma.

[아 우마.] 한 시에.

Vamos jantar às sete?

[바무스 쟝따르 아스 쎄찌?] (우리) 7시에 저녁 먹을까?

Tá bem.

[따 벵.] 좋아.

식사와 관련된 동사 tomar, almoçar, jantar는 모두 -ar규칙동사입니다. (8과 참조) 참고로 '아침식사' 란 표현 café da manhã에 café란 단어가 들어가 있어서 '(음료나 액체)를 먹다 또는 마시다' 란 의미의 동사 tomar가 쓰였습니다. 그리고 '따 벵.' 은 '따 봉.' 과 거의 의미 차이가 없는 표현으로 '따 봉.' 대신에 쓸 수 있어요.

Easy
It makes learning
a language fun and fast.

시간 부사구 오전에, 오후에, 밤에

일정을 논하다 보면 '오늘 밤에', '내일 오후에' 와 같은 표현을 많이 쓰게 되죠? 이런 표현들은 앞에서 배운 '오전', '오후' 와 '밤' 이란 뜻의 단어를 관사 없이 전치사 de와 함께 써서 만듭니다. 다만 '오후' 와 '밤' 의 경우, 전치사 a 와 정관사 a가 결합한 형태도 함께 쓰입니다. 이렇게 해서 '오전에' 는 de manhã [지 망앙], '오후에' 는 de tarde [지 따르지] / à tarde [아 따르지], '밤에' 는 de noite [지 노이찌] / à noite [아 노이찌]란 표현이 나오죠. '오늘 오전, 내일 오후...' 등의 표현은 어순이 우리말과 똑같아요.
(ontem [옹땡] 어제, hoje [오줴] 오늘, amanhã [아망앙] 내일, cedo [쎄두] 일찍)

 Easy
It makes learning
a language fun and fast.

 **Fun**
It makes learning
a language fun and fast.

 **Quick**
It makes learning
a language fun and fast.

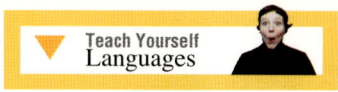
Ontem	**Hoje**	**Amanhã**
어제	오늘	내일

Ontem cedo	**Hoje cedo**	**Amanhã cedo**
어제 일찍	오늘 일찍	내일 일찍

Ontem de manhã	**Hoje de manhã**	**Amanhã de manhã**
어제 오전에	오늘 오전에	내일 오전에

Ontem à tarde	**Hoje à tarde**	**Amanhã à tarde**
어제 오후에	오늘 오후에	내일 오후에

Ontem de tarde	**Hoje de tarde**	**Amanhã de tarde**
어제 오후에	오늘 오후에	내일 오후에

Ontem à noite	**Hoje à noite**	**Amanhã à noite**
어제 밤에	오늘 밤에	내일 밤에

Ontem de noite	**Hoje de noite**	**Amanhã de noite**
어제 밤에	오늘 밤에	내일 밤에

Eu vou para Pusan amanhã cedo.

[에우 보우 빠라 부산 아망양 쎄투.] 난 내일 일찍 부산으로 갈 거야.

Você quer jantar comigo hoje à noite?

[보쎄 께르 쟝따르 꼬미구 오쥐 아 노이찌?] 너 오늘 밤에 나랑 저녁 먹을래?

016

Que pena! Não posso.

016

'어쩌지? 나 안 되는데.'
그러면 미리 다음 약속을 정해두자.
Que pena! Não posso.
[끼 뻬나! 너웅 뽀쑤.]
poder 동사, 감탄구문, 시간표현 (2)

피치 못해 거절을 해야 하는 상황이 있습니다.
상대방이 언짢아하지 않게 이야기해야겠죠?
'가능하다, 할 수 있다.'란 뜻의
동사 poder [뽀데르]를 사용해 보십시오.

 Easy
It makes learning
a language fun and fast.

 Fun
It makes learning
a language fun and fast.

 Quick
It makes learning
a language fun and fast.

도시 위를 누비는 헬리콥터!

브라질 대도시의 교통상황은 그야말로 전쟁터입니다. 꽉 막힌 도로 위에 갇혀 있다 보면 이런 생각이 들죠. '아~, 날아서 갈 순 없을까?' 하늘 길이라면 걱정 없겠죠? 브라질에서 경제와 산업이 가장 많이 발달한 도시가 상파울루인데요, 바로 이 도시 상파울루가 세계에서 두 번째로 헬리콥터가 많은 도시라고 합니다. 지상으로 이동하는 것에 비해 안전하고, 좋은 경관을 즐기며 시간도 절약할 수 있기 때문에 많은 **CEO**들이 즐겨 이용한다고 합니다. 상파울루 시에만 2010년 중반 420여 대가 있었다니까 지금은 훨씬 더 늘어 있겠죠? 상상이 되시나요? 밤낮을 가리지 않고 머리 위에서 '붕붕' 거리고 있을 헬리콥터 소리, 대단한 도시임에는 틀림없습니다.

이런저런 가능성을 말할 때 사용하는 **poder** [뽀데리] (할 수 있다)를 만나 보겠습니다. **poder** 동사는 영어의 **can**에 해당하는 조동사인데요, 역시 쓰임이 만만치 않다보니 불규칙동사입니다. 다음 장에서 배울 **-er** 규칙동사와 비교했을 때 1인칭 단수만 다르니까 크게 부담 가지실 필요는 없어요. ^__^ **Poder** 동사의 활용은 다음과 같습니다.
Eu - posso [뽀쑤], **Você/Ele/Ela/O senhor/A senhora/A gente - pode** [뽀지], **Nós - podemos** [뽀데무스], **Vocês/Eles/Elas/Os senhores/As senhoras - podem** [뽀뎅]

몇 가지 예문을 보면서 문장 속에서 **poder** 동사가 어떻게 쓰이고 있는지 확인해보세요. 여기서 한 가지! **poder**의 뒤에 따라 오는 동사는 언제나 원형으로 써줘야 합니다.
(**a pena** [빼나] 애석함, **mas** [마스] 그러나, **estar** [이스따르] (~인 상태)이다, **livre** [리브리] 한가한)

Easy
It makes learning
a language fun and fast.

Fun
It makes learning
a language fun and fast.

Quick
It makes learning
a language fun and fast.

Teach Yourself
Languages
It's real, it's easy
and it's practical!

A Self Teaching Guide

Vamos ver um filme hoje à noite?

[바무스 베르 웅 피우미 오쥐 아 노이찌?]
오늘 밤에 영화 한 편 볼까?

Que pena! Não posso.

[끼 뻬나! 너웅 뽀쑤.] 어쩌니! 못 가는데.

Mas amanhã estou livre. Podemos ir amanhã?

[마스 아망양 이스또우 리브리. 뽀데무스 이르 아망양?]
하지만 내일은 한가해. 내일 갈 수 있을까?

감탄구문 'que + 명사 / 형용사'

여기서 잠깐! 예문에서 나온 감탄구문 **Que pena!**를 설명 드리자면(14과 참조), 포르투갈어의 대표적인 감탄구문은 'que + 명사 또는 형용사' 입니다. 이 문장에서 **pena**는 '애석함' 이란 명사예요. 참고로 형용사를 넣어서 감탄문을 만들 수도 있습니다. 그래서 '정말 좋다!' 는 'Que bom!' [끼 봉!]이라고 하면 됩니다. 간단하게 만들 수 있고, 사용할 곳이 많은 유용한 표현법입니다.

Poder 동사가 각 인칭에 맞춰 어떻게 활용되는지 좀 더 알아보기 위해 다음 문장들을 준비했습니다.
(**falar** [팔라르] 말하다, **tomar** [또마르] 마시다, **a cerveja** [쎄르베쟈] 맥주, **qunado** [꽝두] 언제, **almoçar** [아우모싸르] 점심을 먹다, **jantar** [쟝따르] 저녁을 먹다, **aqui** [아끼] 여기)

Eu posso falar com você agora?

[에우 뽀쑤 팔라르 꽁 보쎄 아고라?] 나 너랑 지금 말좀 할 수 있을까?

Você pode tomar cerveja.

[보쎄 뽀지 또마르 쎄르베쟈.] 너 맥주 마셔도 돼.

Quando nós podemos almoçar?

[꽝두 노스 뽀데무스 아우모싸르?] 우리 언제 점심 먹을 수 있어?

Vocês podem jantar aqui.

[보쎄스 뽀뎅 쟝따르 아끼.] 너희들 여기서 저녁 먹어도 돼.

딱! 한마디면 해결된다는 거!

여기서 한 가지!
길게 말할 필요 없이, 단어를 몰라도 **Posso?** [뽀쑤?]라고 말하면 상대가 알아서 상황파악을 해줍니다. ^__^

예를 들어 빈자리를 가리키며 '저 앉아도 돼요?' 라고 말하고 싶거나, 접시 위의 마지막 치즈케이크를 가리키며 '제가 먹어도 되나요?' 라고 말하고 싶을 때, 길게 말할 필요 없이 '뽀쑤?' 라고만 하면 된다는 거죠. 그러면 착한 브라질 친구들은 거의 대부분이 **Pode.** [뽀지.]라고 대답해 줄 것입니다. 여러분이 이미 감 잡으신 대로 '앉아도 돼.' , '먹어도 돼.' 란 허락이 떨어진 거예요.

 **Easy** It makes learning a language fun and fast.  **Fun** It makes learning a language fun and fast.  **Quick** It makes learning a language fun and fast.

몇 시야?

'시간이 돈' 이란 말을 피부로 실감하는 현대 생활.
사람들은 점점 더 바빠지고, 여유를 찾는 것 자체를
시간에게 물어봐야 하는 상황이 되고 있습니다.
나의 여유 시간을 시간에게 물어보는 애처로운 상황?

그래서 준비했습니다. 시간을 묻고 답하기입니다.
'몇 시야?' 라고 묻는 표현은 15과에서 나왔던 '~(시)에' 에 해당하는 **a que
horas**에서 전치사 **a**만 빼면 됩니다. 그리고 시간표현에 사용되는 **ser** 동사는
뒤의 시간 표현이 단수(1시이거나 정오, 자정이란 뜻의 단수형 단어)이면 **é**를,
복수이면 **são**을 써주면 됩니다.
(**e** [이] 그리고, **o minuto** [미누뚜] 분, **meia** [메이아] 반(형용사 **meio**의 여성형), **o
meio-dia** [메이우-지아] 정오, **a meia-noite** [메이아 노이찌] 자정, **em ponto** [잉 뽕뚜]
정각)

Que horas são?
[끼 오라스 써웅?] 몇 시야?

São três (horas) e vinte (minutos).
[써웅 뜨레스 (오라스) 이 빙찌 (미누뚜스).] 3시 20분이야.

São duas e meia da tarde.
[써웅 두아스 이 메이아 다 따르지.] 오후 두 시 반이야.

É uma hora.
[에 우마 오라.] 한 시야.

É meio-dia.

[에 메이우-지아.] 정오야.

É meia-noite.

[에 메이아-노이찌.] 자정이야.

São quatro em ponto.

[써웅 꽈뜨루 잉 뽕뚜.] 4시 정각이야.

15과에서 **meia** [메이아]에 대해서 설명 드릴 때, '시간' 이란 여성명사 **hora** [오라]와 함께 쓰이면 '반 시간' , 즉 '30분' 의 의미를 갖는다고 말씀드렸습니다. **meia**의 남성형이 **meio** [메이우]입니다. 참고로 **meio-dia** [메이우-지아] (정오)와 **meia-noite** [메이아-노이찌] (자정)를 설명하자면, '메이우, 메이아' 가 뒤에 따라오는 명사의 성과 일치하는 것을 알 수 있습니다. 우리가 기억하 듯이 **dia**는 남성, **noite**는 여성입니다.

'몇 시 몇 분 전' 을 표현하는 방법

마지막으로 '몇 시 몇 분 전이다.' 란 표현을 알아보겠습니다. 포르투갈어로는 일단 분을 먼저 써주고 '향하여' 란 뜻의 전치사 **para**를 써 준 다음 시간을 써 줍니다. 이때 시간표현은 전치사 뒤에 위치하므로 관사까지 함께 써주면 완성! 이 되는 거죠. ^__^ 예를 들어보면 **para a uma** [빠라 아 우마], **para as duas** [빠라 아스 두아스], **para as três** [빠라 아스 뜨레스] 식이에요. 예문을 만나볼 까요?

(**o meio-dia** [메이우-지아] 정오,

então [잉떠웅] 그러면)

São dez para o meio-dia.

[써웅 데스 빠라 우 메이우-지아.]

10분 전 12시(정오)야.

São quinze para as seis.

[써웅 낑지 빠라 아스 쎄이스.]

15분 전 6시야.

Que horas são?

[끼 오라스 써웅?]

몇 시니?

São cinco para as oito.

[써웅 씽꾸 빠라 아즈 오이뚜.]

5분 전 8시야.

Então vamos jantar.

[잉떠웅 바무스 쟝따르.]

그럼 저녁 먹으러 가자.

Então vamos jantar.

 **Easy**
It makes learning
a language fun and fast.

 **Fun**
It makes learning
a language fun and fast.

 **Quick**
It makes learning
a language fun and fast.

017 F

017
'나 포르투갈어 배워.'
브라질 지금 엄청 뜨고 있잖아.

Eu aprendo português.

[에우 아쁘렝두 뿌르뚜게스.]

제2규칙 -er 동사, 부정사

포르투갈어로 '취미'는 passatempo [빠싸뗑뿌]라고도 하지만,
요즘은 대부분 영어의 hobby [호비]를 그대로 사용합니다.
바쁜 시간을 쪼개서 포르투갈어를 취미 삼아 배우시는 여러분,
진정한 의미의 취미 종결자이십니다.

Take the Pleasure of Learning! It makes learning a language fun and fast.

취미가 뭐예요?

포르투갈어로 취미를 묻고 싶으면 7과에서 배운 'Qual é ~?' 구문을 기억해 주세요. 그리고 좋아하는 것을 말하고 싶을 때는 -ar형 규칙동사 (8과 참조) gostar [고스따르] (좋아하다)를 쓰시면 됩니다. 그런데 이 녀석은 특이하게도 목적어를 데려올 때 꼭 전치사 de의 도움을 받습니다. 그리고 그 뒤에 동사가 올 때는 꼭 원형을 써줘야 합니다.

(navegar [나베가르] 서핑하다, na [나] = (전치사) em [잉] ~에 + (정관사) a [아], Internet [잉떼르네찌] 인터넷, aprender [아쁘렝데르] 배우다, português [뽀르뚜게스] 포르투갈어)

Você gosta de navegar na Internet?

[보쎄 고스따 지 나베가르 나 잉떼르네찌?]

너 인터넷 서핑 좋아해?

Gosto.

[고스뚜.] 응.

Qual é o seu hobby?

[꽈우 에 우 쎄우 호비?]

네 취미는 뭐니?

Eu gosto de aprender português.

[에우 고스뚜 지 아쁘렝데르 뽀르뚜게스.]

난 포르투갈어 배우는 거 좋아해.

 **Easy** It makes learning a language fun and fast.

 **Fun** It makes learning a language fun and fast.

 **Quick** It makes learning a language fun and fast.

제2규칙동사: -er 동사

제1규칙동사 -ar 동사를 살펴보았으니 이번에는 제2규칙동사 -er 동사를 알아보겠습니다. 지금 여러분이 누군가에게 포르투갈어를 배운다고 말하고 싶을 거 같아서 준비했습니다. 자, 인칭에 맞게 활용해볼까요? 제2규칙동사는 각 인칭에 따라 -o, -e, -emos, -em의 어미를 갖는데, **aprender** [아쁘렝데르] (배우다) 동사 변화 역시 모든 -er로 끝나는 규칙동사에 적용되니 꼭 기억해두세요.

Eu - aprendo [아쁘렝두], **Você/Ele/Ela/O senhor/A senhora/A gente - aprende** [아쁘렝지], **Nós - aprendemos** [아쁘렝데무스], **Vocês/Eles/Elas/Os senhores/ As senhoras - aprendem** [아쁘렝뎅]

'~을 배운다'고 할 때 목적어가 바로 오면 전치사가 필요 없고, '~하는 것을 배우다' 라고 말할 때는 전치사 **a**를 함께 써준답니다. 이 전치사는 특별한 뜻이 있는 게 아니라, 동사구를 이루기 위해 들어간 거예요. 그리고 전치사 뒤에 오는 동사는 언제나 원형이 옵니다.

(**japonês** [쟈뽀네스] 일본어, **tocar piano** [또까르 삐아누] 피아노를 치다, **jogar golfe** [죠가르 고우피] 골프를 치다)

Eu aprendo japonês.

[에우 아쁘렝두 쟈뽀네스.] 난 일본어 배워.

Você aprende português?

[보쎄 아쁘렝지 뽀르뚜게스?] 너 포르투갈어 배우니?

Nós aprendemos a tocar piano.

[노스 아쁘렝데무스 아 또까르 삐아누.] 우리 피아노 치는 거 배워.

Vocês aprendem a jogar golfe?

[보쎄스 아쁘렝뎅 아 죠가르 고우피?] 너희들 골프 치는 거 배우니?

이번엔 여러분이 상당히 좋아하실(?) 표현을 마련했습니다.
다양한 **-er**형 규칙동사의 쓰임을 확인해보면서 궁금증을 풀어보세요.
(**beber** [베베르] 마시다, **muito** [무이뚜] 많이, **tudo** [뚜두] 모든 것)

Você bebe muito?

[보쎄 베비 무이뚜?] 너 술 많이 마시니?

Não muito.

[너웅 무이뚜.] 많이는 안 마셔.

Vocês não bebem?

[보쎄스 너웅 베벵?] 너희들 술 안 하니?

Nós gostamos de beber.

[노스 고스따무스 지 베베르.] 우린 술 마시는 거 좋아해.

beber [베베르] 동사는 '음료나 술 따위를 마시다' 란 뜻인데 특정 음료를 나타
내는 단어가 없이 쓰이면 '술을 마시다' 로 쓰입니다. 브라질 친구들과 포르투
갈어로 어느 정도 말을 나눌 수 있을 때 그리고 술 한 잔 걸칠 수 있을 때 이렇
게 말씀하시면 됩니다.
(**um pouco** [웅 뽀우꾸] 조금, 약간)

Easy
It makes learning
a language fun and fast.

Fun
It makes learning
a language fun and fast.

Quick
It makes learning
a language fun and fast.

It's real, it's easy and it's practical!

Eu falo um pouco de português.

[에우 팔루 웅 뽀우꾸 지 뽀르뚜게스.] 난 포르투갈어 조금 해.

Eu bebo um pouco.

[에우 베부 웅 뽀우꾸.] 난 술 약간 마셔.

뭉뚱그려 표현할 때 쓰는 부정사!

위 마지막 문장의 '웅 뽀우꾸' 는 상황에 따라 달리 이해될 수 있겠네요. 그렇죠? 어떤 친구들은 '약간' 마신다는데 범상치 않은 수준이기도 하니까요. ^^; 내친김에 여러분께 '웅 뽀우꾸' 와 동일한 품사로 분류되는 부정대명사와 부정형용사를 소개합니다. 개체나 사물을 부정확하게 지칭하는 단어를 부정사라고 하는데요, 명사와 함께 쓰일 때는 형용사의 기능을 해서 부정형용사라고도 부르고(형용사의 기능을 갖는 부정사는 잠시 후에 소개하기로 하겠습니다.), 형용사의 기능을 전혀 하지 않는 단어는 부정대명사라고 합니다. 문법상으로 3인칭인 이 부정대명사들을 먼저 소개하겠습니다. **alguém** [아우겡] 어떤 사람, **ninguém** [닝겡] 아무도 (~ 아니다), **tudo** [뚜두] 전부, **nada** [나다] 전혀 없음, (부정의미의) 아무 것(도 아니다)

(**entender** [잉뗑데르] 이해하다, **a professora** [쁘로페쏘라] 여선생, **do** [두] = (전치사) **de** [지] ~의 + (정관사) **o** [우], **conhecer** [꽁예쎄르] (경험을 통해) 알다 또는 익히 알다, **sobre** [쏘브리] (전치사) ~에 대하여)

Eu não entendo nada.

[에우 너웅 잉뗑두 나다.] 난 아무것도 이해 안 돼.

151 | Teach Yourself Languages

It's real, it's easy and it's practical!

Você entende tudo?

[보쎄 잉뗀지 뚜두?] 넌 다 이해하니?

Alguém conhece a professora Lim?

[아우겡 꽁에씨 아 쁘로페쏘라 링?] 누구 임 선생 아니?

Ninguém conhece tudo sobre o Brasil.

[닝겡 꽁에씨 뚜두 쏘브리 우 브라지우.] 어느 누구도 브라질에 대해 다 알지 못해.

앞에 언급했던 형용사의 기능을 하는 부정사들을 한곳에 불러 모아보겠습니다. **pouco** [뽀우꾸] (부정적 의미) 조금(밖에 없음), **um pouco** [웅 뽀우꾸] (긍정적 의미) 약간 (있음), **todo** [또두] 모든, **um** [웅] 어느, **qualquer** [꽈우께르] 어떠한 ~라도, **outro** [오우뜨루] 다른, **algum** [아우궁] (긍정) 어느, 어떤, **nenhum** [넹융] (부정)어느, 어떤, **muito** [무이뚜] 많은 (**algum** [아우궁] 어느, **o dia** [지아] 날, 언젠가, **ir** [이르] 가다, **todo** [또두] (형용사) 모든, **todo dia** [또두 지아] 매일, **estudar** [이스뚜다르] 공부하다)

Você conhece algum brasileiro?

[보쎄 꽁에씨 아우궁 브라질레이루?] 넌 브라질 사람 누구 아니?

Algum dia eu vou para o Brasil.

[아우궁 지아 에우 보우 빠라 우 브라지우.] 언젠가 난 브라질에 갈 거야.

Todo dia eu estudo português.

[또두 지아 에우 이스뚜두 뽀르뚜게스.] 난 매일 포르투갈어를 공부해.

152 Teach Yourself Languages

 **Easy** It makes learning a language fun and fast.

 **Fun** It makes learning a language fun and fast.

 **Quick** It makes learning a language fun and fast.

브라질을 대표하는 현대작가

빠울루 꼬엘류 (Paulo Coelho)

세계에서 가장 많은 언어로 번역되어 기네스북에 등재되기도 한 베스트셀러 작가. 브라질 주요 주간지 베쟈(**Veja**, 2010년 8월)에 따르면, 그의 대표작 〈연금술사〉 (**O alquimista** [우 아우끼미스따])는 전 세계에서 1억 3천 5백만 부가 넘게 판매되었고 69개 언어로 번역되었답니다. 1988년 우리나라에서도 발간되어 선풍적인 인기를 끌며 베스트셀러를 장식했고, 현재까지도 스테디셀러입니다. 그런 그에게도 남모르는 아픔이 있는데, 엔지니어나 법률가가 되기를 원했던 부모의 바람과는 달리 일탈행동을 일삼으며 반항하자, 부모는 청소년기의 그를 정신병원에 입원시켰다고 합니다. 세계 최고 인기작가의 한 사람으로 손꼽히는 그의 인생도 참 험난했죠? 대표작으로는 〈베로니카, 죽기로 결심하다〉 **Veronika decide morrer** [베로니까 데씨지 모헤르], 〈11분〉 **Onze Minutos** [옹지 미누뚜스], 〈오 자히르〉 **O Zahir** [우 자이르], 〈포르토벨로의 마녀〉 **A bruxa de Portobello** [아 브루샤 지 뽀르뚜벨루] 등이 있습니다.

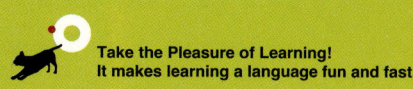

Take the Pleasure of Learning!
It makes learning a language fun and fast.

018
'2014년 **FIFA** 월드컵! 누가 챔피언이 될까요?
A Copa do Mundo da FIFA de 2014
[아 꼬빠 두 뭉두 다 피파 지 도이스 미우 이 꽈또르지]

Easy
It makes learning
a language fun and fast.

Fun
It makes learning
a language fun and fast.

Quick
It makes learning
a language fun and fast.

수 (3), 지시사

2014년 브라질 월드컵도 어느새 코앞에 다가왔습니다. 이번 월드컵은 남미 대륙으로 날아가 직접 보겠노라 생각하고 계시는 분들! 지금부터 준비하셔야겠네요, 포르투갈어는 절대 기본이고요.

브라질의 화폐

브라질을 여행하려면 먼저 브라질 화폐에 대해 알아야겠죠? 브라질의 화폐 단위는 **real** [헤아우]이고, 동전은 1 **centavo** [쎙따부]를 비롯해서 5, 10, 25, 50 **centavos** [쎙따부스] 짜리와 1 **real** 짜리가 있고, 지폐는 1 **real** [헤아우]를 비롯해서 2, 5, 10, 20, 50, 100 **reais** [헤아이스] 짜리가 있답니다. 우선 앞에서 배웠던 0~100까지의 숫자를 다시 한 번 복습해주시고 다음 숫자를 익히기 바랍니다. 사실 한 번에 이해가 잘 안 되는 숫자를 듣게 될 때에는 아쉬운 대로 종이에 적어달라고 하면 그만입니다. 하지만 제대로 알아듣고 말해보고 싶은 건 우리의 당연한 욕심! 정확히 알아들을 수 있을 때의 기분은 그야말로 쩅!이죠.

cento e um/uma	[쎙뚜 이 웅/우마]	101
cento e dois/duas	[쎙뚜 이 도이스/두아스]	102
duzentos(as)	[두젱뚜스(따스)]	200
trezentos(as)	[뜨레젱뚜스(따스)]	300
quatrocentos(as)	[꽈뜨루쎙뚜스(따스)]	400
quinhentos(as)	[낑앵뚜스(따스)]	500
seiscentos(as)	[쎄이쎙뚜스(따스)]	600
setecentos(as)	[쎄찌쎙뚜스(따스)]	700
oitocentos(as)	[오이뚜쎙뚜스(따스)]	800
novecentos(as)	[노비쎙뚜스(따스)]	900
mil	[미우]	1,000

별난 숫자들!

포르투갈어 숫자의 1과 2가 여성형태가 있는 것처럼, 200부터 900까지의 백 단위 숫자도 남녀 성이 있습니다. 이 숫자들은 그것이 꾸미는 명사와 성이 일 치해야 합니다. 예를 들어 집이 500채가 있다고 하면 '집' 이란 단어 casa [까 자]가 여성이기 때문에 quinhentas casas [낑앵따스 까자스]라고 해야 하는 거죠. 501채는 quinhentas e uma casas [낑앵따스 이 우마 까자스]입니다. 숫 자가 여성명사와 쓰일 때는 1, 2, 200과 900까지의 백 단위 숫자도 여성형을 쓰 는 겁니다. 마지막으로 101채의 집은 cento e uma casas [쎙뚜 이 우마 까자 스].

별나기로 치자면 cem [쎙](100) 만한 숫자도 없습니다. 오직 '일 백' 으로만 쓰 이거든요. 대신 나머지 백단위 식구들은 앞의 예문처럼 그 변형인 cento [쎙뚜] 가 책임집니다. cento는 독립적으로는 쓰이는 법이 없고, 항상 '그리고' 란 뜻 의 접속사 e와 함께 다른 수를 만들거나, 자신의 모습을 바꿔 200부터 900까지 의 백단위의 숫자를 만듭니다. 마지막으로 우리말의 '천' 이란 단어가 '일 천' 을 의미하듯이, mil는 '일 천' 이란 뜻이기 때문에 보통은 1을 생략하고, 그냥 mil [미우]로 쓰이며 그 이상의 천 단위는 mil 앞에 다른 숫자를 붙여 만듭니 다.

dois mil e cem
[도이스 미우 이 쎙] 2,100

dois mil e quatorze
[도이스 미우 이 꽈또르지] 2,014

 Take the Pleasure of Learning!
It makes learning a language fun and fast.

참고로, 백만은 **milhão** [밀여웅], 십억은 **bilhão** [빌여웅]인데 복수형은 각각
milhões [밀용이스], **bilhões** [빌용이스]가 됩니다. 그런데 이 숫자들은 원래
문법적으로는 일반명사라서 전치사 **de**와 함께 쓰입니다. 아직 브라질 인구가
2억에 달하진 않았지만 '두젱뚜스 밀용이스' 를 넘기는 건 시간문제겠죠?

duzentos milhões de brasileiros

[두젱뚜스 밀용이스 지 브라질레이루스]

2억의 브라질 사람들

três bilhões de reais

[뜨레스 빌용이스 지 헤아이스]

30억 헤알

구두점이 이렇게 중요할 줄이야!

우리나라의 숫자 표기에서는 천 단위마다 쉼표를, 소수점에는 점을 찍습니다.
그런데 브라질에서는 우리와 완전 반대입니다. 설명을 드리면, 포르투갈어에
서는 천 단위마다 점 '.' (**ponto** [뽕뚜])를, 소수점을 나타낼 때는 ',' (**vírgula**
[비르굴래])를 씁니다. 예문을 보시고 확인해보세요. 여기서 한 가지! 천 단위를
읽을 때는 '**ponto**' 를 읽지 않지만, 소수점을 읽을 때는 '**vírgula**' 를 읽어줍니
다.

 **Easy**
It makes learning
a language fun and fast.

 **Fun**
It makes learning
a language fun and fast.

 **Quick**
It makes learning
a language fun and fast.

158 Teach Yourself Languages

makes learning
language fun and fast.

5.432
cinco mil quatrocentos e trinta e dois

[씽꾸 미우 꽈뜨루쌩뚜스 이 뜨링따 이 도이스]

오천사백삼십이 (5,432)

3,75
três vírgula setenta e cinco

[뜨레스 비르굴라 쎄뗑따 이 씽꾸]

삼 점 칠 오 (3.75)

예문에서 볼 수 있듯이 천 단위와 백 단위 사이는 **e**를 생략하지만 백 단위와
십 단위, 십 단위와 일 단위 사이에는 **e**를 써줍니다. 다만 2,014처럼 백 단위 숫
자가 0이거나 2,100처럼 십 단위와 일 단위가 모두 0이면 **e**로써 연결해줍니다.
참고로 연도를 표기할 때는 ',' 를 찍지 않습니다. 한번 읽어볼까요?

O ano 2014 (dois mil e quatorze)

[우 아누 도이스 미우 이 꽈또르지]

2014년

O ano 2100 (dois mil e cem)

[우 아누 도이스 미우 이 쌩]

2100년

159 ┃ Teach Yourself
       ┃ Languages

▼ Teach Yourself Languages

룰라대통령 = 오징어대통령?

그거 아세요? 포르투갈어로 '오징어'는 **lula** [룰래]입니다. 브라질 전 대통령 성함이 바로 '룰라' 잖아요! 브라질의 2014년 월드컵과 2016에는 남미 최초로 올림픽까지 유치하는데 있어 일등 공신이었고 대통령직도 2번이나 연임한 대단한 인물입니다. '오징어'란 단어를 포르투갈어로 기억하는 게 이제 쉬워졌죠? 사실 **Lula**는 원래의 이름 **Luiz** [루이스]의 애칭이랍니다. 그가 대통령이 되면서 공식이름 **Luiz Inácio Lula da Silva** [루이스 이나씨우 룰라 다 씨우바]에 '룰라'라는 애칭까지 들어가게 되었는데, 브라질 사람들의 애칭문화는 그야말로 세계 최고 수준이에요. 앞서 나왔던 보사노바의 작곡가이자 가수인 **Tom Jobim**도 원래 이름은 **Antônio Jobim** [앙또니우 죠빙]인데 줄여서 부르는 이름이랍니다.

저는 개인적으로 숫자에 약해서 배우는 것도 쓰는 것도 쉽지 않았는데, 여러분은 어떠세요? 머리가 복잡할 땐 맥주 한 잔이 정답입니다. 잠시 쉴 겸 룰라와 함께 맥주 한 잔! 잠깐 목을 축이고 다음 코너로 가볼까요?
(**essa** [에싸] 그, **a cerveja** [쎄르베쟈] 맥주, **aí** [아이] 거기, **gelada** [젤라다] 시원한, 차가운)

Essa cerveja aí está gelada?
[에싸 쎄르베쟈 아이 이스따 젤라다?] 거기 그 맥주 시원하니?

Easy
It makes learning
a language fun and fast.

Fun
It makes learning
a language fun and fast.

Quick
It makes learning
a language fun and fast.

160 | Teach Yourself Languages

지시사 탐구코너

부정대명사와 부정형용사처럼 지시사도 명사와 함께 쓰이면 지시형용사라고 하고, 그렇지 않으면 지시대명사라고 합니다. 지시사는 그것이 가리키는 명사의 성과 수에 따라 형태가 변하는데, 도표의 '중성지시대명사'는 명사를 꾸미지 못합니다. 즉 '이 ~, 그 ~, 저 ~' 식의 표현을 만들지 못하고, 대신 '이것, 그것, 저것'이라고 말할 때 씁니다. 당연히 성과 수에 따른 형태변화가 없습니다.

	남성단수(복수)	여성단수(복수)	중성지시대명사
이(것)	**este(s)** [에스찌(스)]	**esta(s)** [에스따(스)]	**isto** [이스뚜]
그(것)	**esse(s)** [에씨(스)]	**essa(s)** [에싸(스)]	**isso** [이쑤]
저(것)	**aquele(s)** [아깰리(스)]	**aquela(s)** [아깰라(스)]	**aquilo** [아낄루]

'이 책'은 **este livro** [에스찌 리브루], '이 집들'은 **estas casas** [에스따스 까자스]라고 하는데, 뒤에 오는 명사의 성과 수에 일치합니다. '이것이 브라질이야.'라고 할 때는 중성지시대명사를 써서 **Isto é Brasil.** [이스뚜 에 브라지우.]라고 표현합니다. 참고로 브라질 구어에서는 **esse(s), essa(s)**가 '그, 그것, 그것들'로만 쓰이는 게 아니라 '이, 이것, 이것들'로도 쓰입니다.
(**o jogador** [죠가도르] 선수, **ali** [알리] 저기)

Aquele jogador ali é Ronaldinho?
[아깰리 죠가도르 알리 에 호나우징유?] 저기 저 선수가 호나우징유야?

019

'깜짝 놀랐지!' 나, 누구게?

Surpresa!

[쑤르쁘레자!]

제3규칙 -ir 동사, 명사와 형용사

의기소침해 있는 친구에게는 용기를 주고,
축하해줄 일이 있을 때는 기쁨을 몇 배로 올릴 수 있는 방법으로
'쑤르쁘레자'를 사용할 수 있습니다.

 **Easy**
It makes learning
a language fun and fast.

 **Fun**
It makes learning
a language fun and fast.

 Quick
It makes learning
a language fun and fast.

우리의 꿈, 브라질!

언합뉴스(2011년 4월)의 기사에 따르면, 우리나라
의 지난해 대(對)브라질 수출은 77억 5천만 달러,
수입은 47억 1천만 달러에 달했는데, 이는 전체 중
남미 교역의 24.5%에 해당합니다. 2014년 월드컵,
2016년 올림픽 이후의 성장 잠재력까지 고려하면,
브라질은 10년 내에 세계 4대 경제대국으로 부상
할 것으로 예상됩니다. 바야흐로 브라질의 시대가
임박하고 있다고 볼 수 있죠! 우리도 동참할 때입
니다. 포르투갈어와 함께요!

포르투갈어 명사와 형용사의
남성형과 여성형 총정리

지금까지 소개된 명사는 단어장에서 항상 정관사
o 또는 **a**로 표시해 드렸는데 다름 아닌 성을 나타
내기 위한 것이었습니다. 이번에는 명사의 여성형
과 복수형을 알아보도록 할 텐데, 형용사의 경우도
똑같기 때문에 함께 다루도록 할게요. 사전에 나오
는 포르투갈어의 명사나 형용사는 언제나 남성형
단수입니다.

명사는 대개 자연의 성을 따르지만 추상적인 개념이나 사물에 대해서는 사전을 찾아보고 외워야 한답니다. 이것만 알아두시면 됩니다.

❶ 모음 **-o**로 끝나는 명사나 형용사는 남성형, **-a**로 끝나는 것은 여성형!
❷ 어미가 **-o**로 끝나는 명사나 형용사를 **-a**로 바꿔주면 여성형!
❸ 모음으로 끝나는 명사나 형용사에 **-s**를 붙여주면 복수형!
❹ 자음 **-r**, **-s**로 끝나는 명사나 형용사에 **-a**를 붙이면 여성형, **-es**를 붙이면 복수형!
❺ 모음 **-e**로 끝나는 명사나 형용사는 남녀성이 같고, **-s**를 붙여주면 복수형!
❻ 자음 **-l**, **-z**로 끝나는 명사나 형용사는 남녀성이 동형! **-l**은 **-is**로, **-z**에는 **-es**를 첨가하면 복수형!
❼ 마지막으로, 자음 **-m**으로 끝나는 명사나 형용사는 남녀성이 동형! **-m**을 **-n**으로 바꾼 다음 **-s**를 첨가하면 복수형!

남성단수	여성단수	남성복수	여성복수
amigo	**amiga**	**amigos**	**amigas**
[아미구]	[아미가]	[아미구스]	[아미가스] 친구, 친한
senhor	**senhora**	**senhores**	**senhoras**
[씽요르]	[씽요라]	[씽요리스]	[씽요라스] 당신
português	**portuguesa**	**portugueses**	**portuguesas**
[뽀르뚜게스]	[뽀르뚜게자]	[뽀르뚜게지스]	[뽀르뚜게자스] 포르투갈인(의)

triste	**triste**	**tristes**	**tristes**
[뜨리스찌]	[뜨리스찌]	[뜨리스찌스]	[뜨리스찌스] 슬픈
azul	**azul**	**azuis**	**azuis**
[아주우]	[아주우]	[아주이스]	[아주이스] 파란색(의)
feliz	**feliz**	**felizes**	**felizes**
[펠리스]	[펠리스]	[펠리지스]	[펠리지스] 행복한
jovem	**jovem**	**jovens**	**jovens**
[죠벵]	[죠벵]	[죠벵스]	[죠벵스] 젊은(이)

어떤 언어든 예외는 있죠? 명사 중에서 여성형 어미 **-a**로 끝나지만 어미가
-ama, **-oma**, **-ema** 등으로 끝나면 남성이랍니다.

o programa [쁘로그라마] 프로그램   **o cinema** [씨네마] 영화관
o diploma [지쁠로마] 학위   **o dia** [지아] 날, 일, 낮
o mapa [마빠] 지도   **o planeta** [쁠라네따] 행성

Fun
It makes learning
a language fun and fast.

쑤르쁘레자!

이번엔 지금까지 열심히 공부하신 여러분이, 앞에 소개한 규칙들을 익숙하게
구사할 수 있게 된 것을 축하드리고 싶습니다. 마음속으로 제가 여러분을 위해
깜짝 이벤트를 마련해 놓았다고 상상해보세요. 여러분의 눈을 가리고 있다가
'눈 떠보세요.' 라고 말하면서 손을 떼보겠습니다. *^^*

Easy
It makes learning
a language fun and fast.

Fun
It makes learning
a language fun and fast.

Quick
It makes learning
a language fun and fast.

166 | Teach Yourself Languages

(a surpresa [쑤르쁘레자] 놀람,
os parabéns [빠라벵스] 축하,
abrir [아브리르] 열다, o olho [올유] 눈)

Pode abrir os olhos.

[뽀지 아브리르 우즈 올유스.] 눈 떠보세요.

Surpresa!

[쑤르쁘레자!] 놀랐죠!

Parabéns!

[빠라벵스!] 축하해요!

Fun
It makes learning
a language fun and fast.

제3규칙동사: -ir 동사

이번 과에서는 제3규칙동사에 대해 알아보겠습니다. 각 인칭에 따라 제3규칙
동사의 어미는 -o, -e, -imos, -em으로 변합니다. 역시 모든 -ir로 끝나는 규칙
동사의 활용과 똑같으니 꼭 외워야 되겠죠? 위의 문장에 나온 '열다' 라는 뜻의
동사 abrir [아브리르]를 인칭에 따라 활용시키면 다음과 같습니다.
Eu - abro [아브루], Você/Ele/Ela/O senhor/A senhora/A gente - abre [아브
리], Nós - abrimos [아브리무스], Vocês/Eles/Elas/Os senhores/As
senhoras - abrem [아브렝]
abrir 동사가 문장 속에서 어떻게 쓰이는지 알아보는 순서입니다.

(meu [메우] 나의, e-mail [이-메이우] 이메일, todos os dias [또두즈 우스 지아스] 매
일(= todo dia), todas as manhãs [또다즈 아즈 망양스] 매일 아침, a janela [쟈넬
라] 창문, a loja [로쟈] 가게, o banco [방꾸] 은행)

Eu abro meu e-mail todos os dias.

[에우 아브루 메우 이-메이우 또두즈 우스 지아스.] 난 매일 이메일을 열어봐.

Você abre a janela todas as manhãs?

[보쎄 아브리 아 쟈넬라 또다즈 아즈 망양스?] 너는 매일 아침 창문을 여니?

Nós abrimos a loja às 9.

[노스 아브리무스 아 로쟈 아스 노비.] 우리는 9시에 가게를 열어.

A que horas abrem os bancos?

[아 끼 오라스 아브렝 우스 방꾸스?] 은행은 몇 시에 문을 여니?

이번에는 같은 제3규칙 **-ir** 동사에 속하는 다른 동사들을 소개하겠습니다. **desistir de ~** [데지스찌르 지 ~] ~를 포기하다, **decidir** [데씨지르] 결심하다, **assistir a** [아씨스찌르 애 (**TV** 등)을 보다
(**muito** [무이뚜] 매우, **a televisão** [뗄레비저웅] 텔레비전, **a vida** [비다] 인생, **mudar** [무다르] 변하다, **sempre** [쌩쁘리] 항상, **facilmente** [파씨우멩찌] 쉽게)

Eu não desisto do português.

[에우 너웅 데지스뚜 두 뽀르뚜게스.] 난 포르투갈어 포기하지 않아.

Você assiste muito à televisão?

[보쎄 아씨스찌 무이뚜 아 뗄레비저웅?] 넌 TV 많이 보니?

Nossa vida sempre muda.

[노싸 비다 쌩쁘리 무다.] 우리의 삶은 항상 변해.

Eles não desistem facilmente.

[엘리스 너웅 데지스뗑 파씨우멩찌.] 그들은 쉽게 포기하지 않아.

 **Easy** It makes learning a language fun and fast.

 **Fun** It makes learning a language fun and fast.

 **Quick** It makes learning a language fun and fast.

건배는 최대한 즐겁게!

브라질 사람들은 맥주를 가장 좋아합니다. 술집, 고급 레스토랑, 해변 등 장소를 가리지 않고 맥주를 즐기죠. 브라질 맥주 시장은 몇몇 주류회사를 중심으로 움직이고 있는데 브라마(**Brahma**), 앙따르찌까(**Antártica**), 스꼬우(**Skol**), 까이제르(**Kaiser**) 맥주가 유명하고, 쇼삐(**chope**)라 하는 생맥주도 많이 마십니다. 브라질 남부 독일 후예들이 사는 블루메나우(**Blumenau**)에서는 매년 10월에 맥주 축제가 열리는데, 독일에 이은 세계 제 2의 맥주축제입니다. 맥주 외의 다른 술도 즐기는데, 사탕수수로 만든 민속주 삥가(**pinga**)는 우리나라의 소주와 비슷하며 40도가 넘는 아주 독한 술입니다. 독한 술이다 보니 스트레이트로 마시는 경우는 드물고, 대신 과일즙과 섞은 바찌다(**batida**)나 까이삐링야(**caipirinha**)라는 칵테일을 만들어 마십니다.

브라질에서는 건배할 때 **Saúde!** [싸우지!]라고 외칩니다. 마시고 '싸우자'란 의미로 하는 말이 아니고요, ㅋ '건강'이란 의미로 말하자면 우리의 '위하여!'인 것이죠.

'건배'를 할 때 쓰는 표현 '싸우지!'는 재채기를 한 사람에게도 쓴답니다. 이때 재채기 한 사람은 '오브리가두(다).'라고 대답하죠. 건배를 할 때 잔이 부딪히는 소리를 그대로 옮겨 **Tim tim!** [찡찡!]이라고도 합니다. 앞으로 여러분도 '싸우지!', '찡찡!'을 애용해주세요. 그렇다고 술자리를 자주 하시란 뜻은 절대 아닙니다.
^ ^

Saúde! [싸우지!] 위하여!

Tim tim! [찡 찡!] 위하여!

Take the Pleasure of Learning!
It makes learning a language fun and fast.

020

'넌 몇 시에 일어나니?' 난 아침형 인간인데...

A que horas você se levanta? [아 끼 오라스 보쎄 씨 레방따?]

Easy
It makes learning
a language fun and fast.

Fun
It makes learning
a language fun and fast.

Quick
It makes learning
a language fun and fast.

020

A que horas você se levanta?

재귀대명사, 요일

성공을 약속한다는 아침형 인간! pessoa madrugadora [뻬쏘아 마드루가도라]
자유로운 영혼의 소유자들은 저녁형 인간 또는 야행성 coruja [꼬루쟈]라고 하죠.

▼ Teach Yourself **Languages**

Take the Pleasure of Learning! It makes learning a language fun and fast.

브라질에서의 낭보!

2011년 8월 12일자 중앙일보에 따르면, 동국제강이 브라질 동북부 세아라 (Ceará [쎄아라])주에서 2011년 8월 11일 부두 준공식을 가졌습니다. 준공식에 참석한 지우마 호우세피(Dilma Rousseff) 브라질 대통령은 연방정부의 전폭적인 지원을 약속했고요. 세계 최대의 광산개발업체인 브라질의 발리 (Vale)와 우리나라의 포스코가 함께 연간 300만 톤급 고로 제철소를 2014년 말까지 1단계로 짓고, 2단계로 300만 톤을 추가로 건설할 예정인 이 프로젝트는 동국제강의 10년간의 노력과 브라질 정부와 국민들의 높은 신뢰의 결과입니다. 앞으로도 이런 반가운 소식이 많이 들려오길 기대해봅니다. 이날 준공된 제철소 전용 '송원부두'는 브라질에서 한국어 이름을 가진 첫 사례입니다. 이번 과에서는 '일어나다'란 의미의 levantar-se [레방따르-씨]를 배우면서 재귀대명사를 알아보겠습니다. 인칭에 따라 활용을 하면 다음과 같습니다.

Eu - me levanto [미 레방뚜], Você/Ele/Ela/O senhor/A senhora/A gente - se levanta [씨 레방따], Nós - nos levantamos [누스 레방따무스], Vocês/Eles/Elas/Os senhores/As senhoras - se levantam [씨 레방땡]

사전에서 이 levantar 동사를 찾으면 '들어 올리다'란 뜻과 함께, 재귀대명사를 붙여 쓰면 동사의 동작이 주어에게 영향을 미치는 '스스로 일어나다'란 의미로 쓰인다고 나옵니다.

Easy
It makes learning
a language fun and fast.

Fun
It makes learning
a language fun and fast.

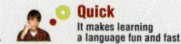
Quick
It makes learning
a language fun and fast.

즉, **levantar**란 동사가 재귀대명사와 함께 쓰이면 '스스로 일어나다' 란 의미가 된다는 것이죠. 재귀대명사를 인칭 순서대로 다시 정리해보면 다음과 같습니다. **me** [미] (1인칭 단수 주어 자신/스스로), **se** [쎄] (3인칭 단수 주어 자신/스스로), **nos** [누스] (1인칭 복수 주어 자신/스스로), **se** [쎄] (3인칭 복수 주어자신/스스로) 그런데 사전에 표기될 때는 동사 뒤에 오는 재귀대명사들이 실제로 쓰일 때는 동사 앞에 위치합니다. 발음 하기가 더 편한 거 같아서 개인적으로 전 대환영이죠.
(**cedo** [쎄두] 일찍, **tomar** [또마르] 먹다, 마시다, **o café da manhã** [까페 다 망양] 아침식사, **tarde** [따르지] 늦게)

A que horas você se levanta?
[아 끼 오라스 보쎄 씨 레방따?] 너 몇 시에 일어나니?

Eu me levanto às seis da manhã.
[에우 미 레방뚜 아스 쎄이스 다 망양.] 난 오전 6시에 일어나.

A gente se levanta cedo.
[아 젱찌 씨 레방따 쎄두.] 우리는 일찍 일어나.

Nós nos levantamos e tomamos café da manhã.
[노스 누스 레방따무스 이 또마무스 까페 다 망양.] 우리는 일어나서 아침을 먹어.

Vocês se levantam tarde?
[보쎄스 씨 레방땅 따르지?] 너희들은 늦게 일어나니?

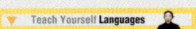

재귀대명사와 함께 쓰이는 동사의 예 몇 가지를 더 들어볼까요?

(sentir-se [쌩찌르-씨] 느끼다, mal [마우] (건강, 몸이) 좋지 않은, sentar-se [쌩따르-씨] 앉다, deitar-se [데이따르-씨] 눕다, divertir-se [지베르찌르-씨] 즐기다, encontrar-se com ~ [잉꽁뜨라르-씨 꽁 ~] ~와 만나다)

Como vocês se sentem?

[꼬무 보쎄스 씨 쌩땡?] 너희들은 컨디션 어때?

A gente se sente mal.

[아 젱찌 씨 쌩찌 마우.] 우리는 컨디션이 안좋아.

Eu me sento aqui.

[에우 미 쌩뚜 아끼.] 나 여기 앉을래.

Você se deita aí.

[보쎄 씨 데이따 아이.] 넌 거기 누워.

Nós nos divertimos com os amigos.

[노스 누스 지베르찌무스 꽁 우즈 아미구스.] 우리는 친구들과 즐겁게 보내.

Vocês se encontram com a Alice hoje?

[보쎄스 씨 잉꽁뜨렁 꽁 아 알리씨 오쥐?] 너희들 오늘 알리씨와 만나니?

 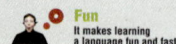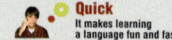

상호대명사로도 쓰이는 재귀대명사!

재귀대명사는 상호동작을 나타내는 상호대명사로도 쓰일 수 있습니다. 예를 들어 만나거나, 껴안거나 키스를 할 때 혼자서는 할 수 없듯이, '서로'라는 의미가 들어가야 뜻이 완성됩니다. '우리들' 또는 '그들, 그녀들 ...' 식의 두 사람 이상이 만나는 것도 상호동작이기 때문에 상호대명사를 써줘야 하는데, 앞에서 배운 재귀대명사 중 동사의 복수형에 붙는 **se**와 **nos**가 상호대명사의 역할을 하게 되는 거죠. 주어가 1인칭 복수 '우리들'이면 **nos**, 3인칭 복수 '그들, 그녀들...'이면 **se**를 씁니다.

(**todos os dias** [또두즈 우스 지아스] 매일, **abraçar** [아브라싸르] 껴안다, **quando** [꽝뒤] ~때)

Vocês se encontram todos os dias?

[보쎄스 씨 잉꽁뜨렁 또두즈 우스 지아스?] 너희들은 서로 매일 만나니?

Nós nos abraçamos quando nos encontramos.

[노스 누즈 아브라싸무스 꽝두 누즈 잉꽁뜨라무스.] 우린 만날 때 서로 포옹해.

브라질 친구와 약속을 정할 때 요일을 알아두면 잘 쓸 수 있겠죠?

(**em** [잉] ~에, **na** [나] = (전치사) **em** [잉] + (정관사) **a** [아], **os dias da semana** [지아스 다 쎄마나] 요일, **a quarta-feira** [꽈르따-페이라] 수요일)

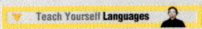

Quando vamos nos encontrar?

[쾅두 바무스 누즈 잉꽁뜨라르?] 우리 언제 만날까?

Em que dia (da semana) vamos nos encontrar?

[잉 끼 지아 (다 쎄마나) 바무스 누즈 잉꽁뜨라르?] 우리 무슨 요일에 만날까?

Na quarta(-feira).

[나 꽈르따(-페이라).] 수요일에.

포르투갈어 요일과 서수와의 관계

포르투갈어 요일명은 쉽습니다. 서수를 그대로 따르기 때문이죠.
서수는 잠시 후에 소개해드리기로 하고 먼저 요일을 알아보겠습니다.

a segunda-feira [쎄궁다-페이라] 월요일
a terça-feira [떼르싸-페이라] 화요일
a quarta-feira [꽈르따-페이라] 수요일
a quinta-feira [낑따-페이라] 목요일
a sexta-feira [쎄스따-페이라] 금요일
o sábado [싸바두] 토요일
o domingo [도밍구] 일요일

 **Easy** It makes learning a language fun and fast.

 **Fun** It makes learning a language fun and fast.

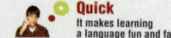 **Quick** It makes learning a language fun and fast.

보시면 대부분의 요일 명에 공통적으로 **-feira**가 들어가 있죠? 사실 이 단어는 '요일' 과 관련된 특별한 의미가 없습니다. 어쨌든 이것이 붙음으로써 요일 명이 되는데, 이것이 여성명사여서 월요일부터 금요일까지는 여성명사가 된 것입니다. 그런데 일상에서는 **-feira**를 무 자르듯 싹둑! 떼어내고 말할 경우가 많아요. 달력을 보면 보통 빨간색의 일요일부터 7칸이 나란히 나와 있죠? 월요일은 두 번째 칸에 있고 다른 날들이 이어집니다. 그래서 월요일이 **a segunda-feira**입니다. 이러한 요일 표현은 포르투갈어의 서수와 상당히 밀접한 관계가 있답니다. 이참에 서수 10까지 알아보기로 할까요?

primeiro(a) [쁘리메이루(라)] 첫 번째
terceiro(a) [떼르쎄이루(라)] 세 번째
quinto(a) [낑뚜(따)] 다섯 번째
sétimo(a) [쎄찌무(마)] 일곱 번째
nono(a) [노누(나)] 아홉 번째

segundo(a) [쎄궁두(다)] 두 번째
quarto(a) [꽈르뚜(따)] 네 번째
sexto(a) [쎄스뚜(따)] 여섯 번째
oitavo(a) [오이따부(바)] 여덟 번째
décimo(a) [데씨무(마)] 열 번째

가까운 상대방에게 차례를 양보하고 싶을 때는 서수를 이용한 다음 표현을 쓰시면 됩니다.

Você, primeiro.

[보쎄, 쁘리메이루.] 너 먼저.

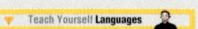

Eu gosto mais de português (do) que de inglês.

021 비교하고 싶을 때!
'난 영어보다 포르투갈어가 더 좋아.'
Eu gosto mais de português (do) que de inglês.

[에우 고스뚜 마이스 지 뽀르뚜게스 (두) 끼 지 잉글레스.]

Take the Pleasure of Learning! It makes learning a language fun and fast.

179 | Teach Yourself
Languages

비교급

어떤 기준을 보면 인간은 자연스럽게 비교를 시작합니다. 그래서 비교는 노력의 시발점이 되기도 하고, 실망의 종착점이 되기도 합니다. 인간사에서 피할 수 없는 '비교', 적극적으로 대처하는 방법에 대해 알아보겠습니다.

▼ Teach Yourself **Languages**

Take the Pleasure of Learning! It makes learning a language fun and fast.

흰머리를 두려워하지 말라!

브라질 역시, 외모를 엄청 따지는 사회입니다.

우리만큼 외모가 전국민적 관심사이다 보니 더불어 성형기술이 높은 수준으로 발달했습니다. 우리나라가 주변국들에 성형기술강국으로 알려지고 있는 것처럼 말이죠. 그런데 그거 아세요? 브라질 아가씨들은 머리가 희끗희끗한 중년의 남성에 대해 상당한 호감을 가지고 있다는 사실! 흰머리가 연륜이 묻어나고, 인생을 깊이 있게 이해할 수 있는 사람으로 보이기 때문이라네요. 흰머리 많은 남자 분들, 브라질이 기회의 나라가 되어드릴 거예요. ㅎㅎ

(포르투갈어는 안 되고 흰머리만 잔뜩 많은 건 대략 곤란합니다. ㅋ)

포르투갈어 비교급 표현에 도전합시다!

아무튼 여러분의 포르투갈어 내공이 미래에 어떻게 작용할지는 며느리도 모를 일입니다! ㅋ 이제 다시 정진해볼까요?

이번에는 비교급을 배워보기로 합니다.

(**mais** [마이스] 더 많은, 더 많이, **bonita** [보니따] 예쁜, **inteligente** [잉뗄리젱찌] 똑똑한, **melhor** [멜요르] 더 나은)

Eu sou mais bonita (do) que você.

[에우 쏘우 마이스 보니따 (두) 끼 보쎄.] 난 너보다 더 예뻐.

Você é mais inteligente (do) que eu.

[보쎄 에 마이즈 잉뗄리젱찌 (두) 끼 에우.] 넌 나보다 더 똑똑해.

앞의 두 문장은 우등비교 구문 'mais (더 많은, 더 많이) + 형용사/부사/명사 + (do) que (~보다) ~' 구문이 적용된 경우입니다. 이 구문의 '(do) que ~'는 '~보다' 란 뜻으로 영어의 **than**에 해당합니다. 그리고 **mais**는 함께 쓰인 형용사 **bonita**와 **inteligente**를 '더 예쁜' 과 '더 똑똑한' 이란 의미로 만듭니다. 동사를 비교하는 '~보다 더 ~하다' 란 의미의 문장은 '동사 + **mais** + **(do) que** ~' 구문으로 표현합니다. 그리고 비교구문에서의 괄호 속 **do**는 생략해도 같은 의미입니다. 다음 문장의 동사 **gostar**는 전치사 **de**와 함께 목적어를 취하고 있습니다.

(**gostar de** [고스따르 지] ~을 좋아하다)

Eu gosto mais de português (do) que de inglês.

[에우 고스뚜 마이스 지 뽀르뚜게스 (두) 끼 지 잉글레스.]
난 영어보다 포르투갈어를 더 좋아해.

Quick
It makes learning
a language fun and fast.

우등비교와 열등비교 구문 정리

우등비교 구문은 '**mais** (더 많은, 더 많이) + 형용사/부사/명사 + **(do) que** (~ 보다) ~', 열등비교 구문은 '**menos** (더 적은, 더 적게) + 형용사/부사/명사 + **(do) que** (~보다) ~', 그리고 동사를 비교할 때는 '동사 + **mais/menos (do) que**~' 입니다.

우등비교 구문과 열등비교 구문에서의 차이는 '더' 를 의미하는 **mais**를 쓰느냐 '덜' 을 의미하는 **menos**를 쓰느냐에 있습니다. 형용사, 부사, 명사가 쓰인 구문과 동사를 비교하는 문장의 순서대로 예문을 소개해보겠습니다. 먼저 **mais**를 쓰는 비교문장을 알아보기로 할게요.

(**alegre** [알레그리] 명랑한, **rapidamente** [하삐다멩찌] 빨리, **menos** [메누스] 적은, 적게, **a cerveja** [쎄르베쟈] 맥주, **viajar** [비아쟈르] 여행하다)

Ela é mais alegre que você?

[엘라 에 마이즈 알레그리 끼 보쎄?] 그녀가 너보다 더 명랑하니?

Você fala mais rapidamente que eu.

[보쎄 팔라 마이스 하삐다멩찌 끼 에우.] 넌 나보다 말을 빠르게 해.

Ele bebe mais cerveja que você?

[엘리 베비 마이스 쎄르베쟈 끼 보쎄?] 그는 너보다 맥주를 더 마시니?

Ela viaja mais que eu.

[엘라 비아쟈 마이스 끼 에우.] 그녀는 나보다 여행을 더 많이 해.

위의 첫 번째 문장부터 세 번째 문장까지는 각각 형용사, 부사, 명사를 비교하는 예문이고, 마지막 문장은 동사를 비교하는 문장입니다. 이어서 **mais** 대신 **menos**를 써서 열등비교 문장을 만들어보겠습니다. 마지막 두 문장은 '주어(사람)'가 아닌 '시간' 차원의 비교구문입니다.
(**tímido(a)** [찌미두(다)] 소심한, **viver** [비베르] (인생을) 살다, **alegremente** [알레그리멩찌] 명랑하게, 즐겁게, **antigamente** [앙찌가멩찌] 옛날에)

Eu sou menos tímido que ele.

[에우 쏘우 메누스 찌미두 끼 엘리.] 나는 그보다 덜 소심해.

Os coreanos vivem menos alegremente que os brasileiros.

[우스 꼬레아누스 비벵 메누스 알레그리멩찌 끼 우스 브라질레이루스.]
한국 사람들은 브라질 사람들보다 덜 즐겁게 살아.

Nós tomamos menos café que antigamente.

[노스 또마무스 메누스 까페 끼 앙찌가멩찌.] 우리는 옛날보다 커피를 덜 마셔.

A gente viaja menos que antigamente.

[아 젱찌 비아쟈 메누스 끼 앙찌가멩찌.] 우리는 예전보다 여행을 덜해.

 **Easy** It makes learning a language fun and fast.

 **Fun** It makes learning a language fun and fast.

 **Quick** It makes learning a language fun and fast.

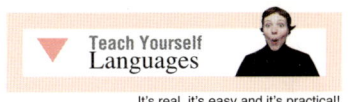
별난 비교급 형용사

지금까지 비교를 나타내는 경우, 형용사 앞에 **mais** 또는 **menos**만 써주면 '더 ~한', '덜 ~한'이란 비교구문이 되는 것을 알 수 있었습니다. 하지만 포르투갈 어에는 독특한 형태의 비교급 형용사가 있습니다. 단어 자체에 비교의 개념이 들어 있는 형용사로 **mais**나 **menos**를 쓸 필요가 없죠. 예외적인 경우니까 외 워서 쓰셔야 합니다. 정말 유용한 형용사들이니 꼭 외워주시기 바랍니다. 이러 한 형용사는 '비교급 형용사 + **(do) que** + ~' 식의 비교구문을 만듭니다. 정리 해보면 다음과 같습니다.

(**a maçã** [마쌍] 사과, **a melancia** [멜랑씨아] 수박, **aquela** [아껠라] 저(**aquele**의 여 성형))

bom/boa [봉/보아] 좋은 ➜ **melhor** [멜요르] 더 나은
mau/má [마우/마] 나쁜 ➜ **pior** [삐오르] 더 나쁜
grande [그랑지] 큰 ➜ **maior** [마이오르] 더 큰
pequeno(a) [뻬께누/나] 작은 ➜ **menor** [메노르] 더 작은

Vocês são melhores (do) que nós.
[보쎄스 써웅 멜요리스 (두) 끼 노스.] 너희들이 우리보다 더 나아.

Ele está pior que antigamente.
[엘리 이스따 삐오르 끼 앙찌가멩찌.] 그는 예전보다 더 형편없어.

Minha maçã é maior que a sua.
[밍야 마쌍 에 마이오르 끼 아 쑤아.] 내 사과가 네 것보다 더 커.

Esta melancia é menor que aquela.
[에스따 멜랑씨아 에 메노르 끼 아껠라.] 이 수박이 저 수박보다 작아.

Easy
It makes learning
a language fun and fast.

눈과 입이 즐거운 과일 천국 브라질!

브라질은 과일천국이라고 할 수 있을 만큼 4계절 내내 형형색색의 과일을 맛볼 수 있습니다. 우리나라에서 맛볼 수 있는 과일 대부분은 물론이고, 파인애플, 망고, 구아바 등의 열대과일을 비롯해 향기롭지만 처음 먹는 사람에게는 매우 낯선 맛의 마머웅, 알쏭달쏭한 맛의 마라꾸쟈 등 헤아릴 수 없이 다양합니다. 그 중에서도 꼭 소개해 드리고 싶은 과일은 아싸이(**açaí**)라고 하는 것인데, 주로 아마존 지역에서 많이 나는 일종의 야자나무 열매로 블루베리처럼 생겼습니다. 특별한 맛이 없어 아이스크림, 밀크셰이크, 초콜릿, 케이크 등에 곁들여 먹습니다. 검보라색 껍질에는 항산화 물질인 안토시아닌이 많아, 노화나 암의 예방에 탁월한 효능이 있다고 해요. 현재 웰빙 식품으로 세계인의 사랑을 받고 있는 아싸이는 과다 섭취하더라도 부작용이 없고, 카페인이 없는 게 특징! 우리나라에도 아싸이 주스가 수입되고 있답니다.

o **abacaxi** [아바까쉬] 파인애플

a **laranja** [라랑쟈] 오렌지

a **manga** [망가] 망고

a **melancia** [멜랑씨아] 수박

o **limão** [리머웅] 레몬

o **pêssego** [뻬쎄구] 복숭아

a **pera** [뻬라] 배

a **papaya** [빠빠이야] 파파야

a **banana** [바나나] 바나나

a **maçã** [마썽] 사과

a **goiaba** [고이아바] 구아바

o **maracujá** [마라꾸쟈] 마라꾸쟈

o **morango** [모랑구] 딸기

a **uva** [우바] 포도

o **mamão** [마머웅] 마머웅

o **coco** [꼬꾸] 야자열매

Easy
It makes learning
a language fun and fast.

Fun
It makes learning
a language fun and fast.

Quick
It makes learning
a language fun and fast.

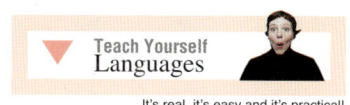

Teach Yourself
Languages
It's real, it's easy and it's practical!

Quick
It makes learning
a language fun and fast.

동등비교 구문도 궁금하시죠?

마지막으로 동등비교! '~와 같은 정도로 ~하다' 란 의미로 형용사나 부사를 비
교할 때는 '**tão** [떠웅] + 형용사/부사 + **quanto/como** [꽝뚜/꼬무] 를 씁니다.
그리고 동사를 비교할 때는 '동사 + **tanto quanto/como**' 구문으로 표현합니
다. 보통 구어에서는 형용사나 동사를 비교하는 구문이 많이 사용되는 반면,
명사를 비교하는 구문은 잘 쓰이지 않습니다. 이때 **tão**은 부사로써 '그만큼',
tanto는 부사로 쓰일 때는 '그만큼 많이', 형용사로서 뒤에 명사를 데리고 올
때는 '그만큼의', **quanto**는 부사로써 '~처럼, 그만큼 많이', **como**도 부사로
서 '~처럼' 이란 의미입니다.

다소 복잡한 듯해 보이지만 이 공식들을 좀 더 쉽게 이해하실 수 있도록 동등
비교 문장을 미리 준비했습니다. *^^*
(**caro(a)** [까루(라)] 비싼, **sei** [쎄이] (난) 안다(**saber** [싸베르] (알다)의 현재 1인칭 단
수), **este** [에스찌] 이(영어의 **this**), **o livro** [리브루] 책, **esse** [에씨] 그(영어의 **that**),
aquele [아껠리] 저(영어의 **that**), **bom** [봉] 좋은)

Este livro é tão caro quanto esse.

[에스찌 리브루 에 떠웅 까루 꽝뚜 에씨.] 이 책은 그 책만큼 비싸.

Aquele livro é tão bom como este.

[아껠리 리브루 에 떠웅 봉 꼬무 에스찌.] 저 책은 이 책만큼 좋아.

Eu sei tanto quanto você.

[에우 쎄이 땅뚜 꽝뚜 보쎄.] 나도 너만큼은 알아.

 Easy
It makes learning
a language fun and fast.

 **Fun**
It makes learning
a language fun and fast.

 Quick
It makes learning
a language fun and fast.

022
넌, 최고야!
'기막힌 생각이었어.'
Foi ótima ideia.

[포이 오찌마 이데이아.]

최상급, 동사 ser 과거형

브라질 사람들은 특히 감정표현이 풍부합니다.
이런 이유로 상대에게 하는 칭찬 또한 넉넉하게 합니다.
말하는 사람도 듣는 사람도 기분이 좋아지는 '칭찬 캠페인',
지금 시작해 볼까요?

▼ Teach Yourself **Languages**
Take the Pleasure of Learning! It makes learning a language fun and fast.

브라질을 대표하는 여성

브라질을 대표하는 여성, 첫 번째는 브라질 대통령 지우마 호우세피(**Dilma Rousseff**)입니다. 불가리아 이민의 후손으로 1970년대 게릴라 활동을 했던 그녀는 브라질 역사상 최초, 세계에서는 11번째 여대통령으로 당선되었습니다. 2011년 현재까지 기대 이상의 국민적 지지를 얻고 있죠. 두 번째는 세계적인 모델 지젤 번천(**Gisele Bündchen** [쥐젤리 빙쳉])입니다. 브라질 남부 출신의 지젤 번천은 99년 보그의 표지모델로 등장한 이후, 패션모델로서뿐만 아니라 사업가로서도 크게 성공했습니다.

간단하고 쉬운 최상급 문장 하나 배워보겠습니다. '매우' 란 뜻의 부사 **muito**를 형용사 앞에 넣어서 만든 최상급 문장인데 형용사만 바꿔 써넣으면 다양한 표현이 가능합니다.

(**muito** [무이뚜] 매우, 아주, **bonito(a)** [보니뚜(따)] 잘생긴, 예쁜)

Eu sou muito bonito(a).

[에우 쏘우 무이뚜 보니뚜(따).] 나 정말 잘생겼어(예뻐).

최상급을 표현하는 방법으로 다른 개체와의 비교를 떠나, 절대적 차원에서 '아주(매우, 정말) ~하다' 라고 말하는 방법이 또 있습니다. 바로 최상급 형용사들이 있기 때문에 가능한데, 대개가 '**-íssimo(a)**' 의 모습을 갖고 있어요. 이런 유형의 최상급형용사는 모음 **-o**, **-e**, **-a**로 끝난 형용사 원급에서 **-o**, **-e**, **-a**를 뺀 다음 **-íssimo(a)**를 붙인 거랍니다. 생각보다 간단하죠?

(**nosso** [노쑤] 우리의, **o compromisso** [꼼쁘로미쑤] 약속)

 **Easy** It makes learning a language fun and fast.  **Fun** It makes learning a language fun and fast.  **Quick** It makes learning a language fun and fast.

It makes learning a language fun and fast.
● Take the Pleasure of Learning!

22

caro(a) ➜ **caríssimo(a)**

[까루(라)] 비싼 　　　　　　　[까리씨무(마)] 아주 비싼

barato(a) ➜ **baratíssimo(a)]**

[바라뚜(따)] 싼 　　　　　　　[바라찌씨무(마)] 아주 싼

importante ➜ **importantíssimo(a)**

[잉뽀르땅찌] 중요한 　　　　　[잉뽀르땅찌씨무(마)] 아주 중요한

O Smartphone é caríssimo.

[우 스마르찌포니 에 까리씨무.] 스마트폰은 아주 비싸.

O nosso compromisso é importantíssimo.

[우 노쑤 꽁쁘로미쑤 에 잉뽀르땅찌씨무.] 우리의 약속은 아주 중요해.

Teach Yourself
Languages

라틴어에서 유래한 최상급도 있습니다. 이런 형용사는 그저 외워주시면 돼요.
몇 개 되지 않으니 그나마 다행이죠? ^^; 참고로 **grande**와 **pequeno**는
-íssimo(a)를 붙여서 **grandíssimo(a), pequeníssimo(a)**로 쓰기도 합니다.
(**o tempo** [땜뿌] 날씨)

bom/boa ➜ **ótimo(a)**

[봉/보아] 좋은 　　　　　　　[오찌무(마)] 아주 좋은

mau/má ➜ **péssimo(a)**

[마우/마] 나쁜 　　　　　　　[뻬씨무(마)] 아주 나쁜

grande ➡ **máximo(a)**

[그랑지] 큰　　　　　　　　　　　[마씨무(마)] 최대의

pequeno(a) ➡ **mínimo(a)**

[삐께누(나)] 작은　　　　　　　　[미니무(마)] 최소의

Você está ótimo(a) hoje.

[보쎄 이스따 오찌무(마) 오쥐.] 너 오늘 정말 좋구나. (컨디션이나 복장)

O tempo está péssimo hoje.

[우 뗑뿌 이스따 뻬씨무 오쥐.] 오늘 날씨 정말 나빠.

Ser 동사의 완전과거

과거시제에 대해서 잠깐 말씀드리겠습니다. 현재를 배울 때 각 인칭마다 동사가 바뀌었죠? 과거에서도 마찬가지인데, 대신 동사의 끝어미가 현재와는 다르게 변한답니다. 규칙동사의 예는 25과에서 소개해드릴 예정이고요, 이 과에서는 먼저 **ser** 동사의 과거시제를 알아보겠습니다. 이 동사는 현재에서도 불규칙이었는데요, 과거에서도 마찬가지입니다. 결국 무조건 외우시는 게 가장 잘 쓸 수 있는 방법입니다. 주격인칭대명사에 맞게 활용하면 다음과 같습니다.
Eu - fui [푸이]], **Você/Ele/Ela/O senhor/A senhora/A gente - foi** [포이], **Nós - fomos** [포무스], **Vocês/Eles/Elas/Os senhores/As senhoras - foram** [포렁]

 **Easy** It makes learning a language fun and fast.

 **Fun** It makes learning a language fun and fast.

 **Quick** It makes learning a language fun and fast.

(**rapidíssimo(a)** [하삐지씨무(마)] 아주 빠른, **baratíssimo(a)** [바라찌씨무(마)] 아주 싼, **o concerto** [꽁쎄르뚜] 콘서트, **a diferença** [지페렝싸] 차이, **pequeníssimo(a)** [삐께니씨무(마)] 아주 적은, 아주 작은)

Eu fui rapidíssimo(a).
[에우 푸이 하삐지씨무(마).] 난 정말 빨랐어.

Este livro foi baratíssimo.
[에스찌 리브루 포이 바라찌씨무.] 이 책은 엄청 쌌어.

Nós fomos o máximo no concerto.
[노스 포무스 우 마씨무 누 꽁쎄르뚜.] 우린 콘서트에서 최고였어.

Eles foram péssimos.
[엘리스 포렁 뻬씨무스.] 그들은 아주 형편없었어.

A diferença foi pequeníssima.
[아 지페렝싸 포이 삐께니씨마.] 차이는 아주 적었어.

혼자서 해결책을 찾지 못하고 있을 때, 다른 사람의 지나가는 말 한마디가 결정적인 도움이 될 수 있습니다. 그런 일이 있었을 땐 외쳐주세요!
(**a ideia** [이데이아] 생각)

Foi ótima ideia.
[포이 오찌마 이데이아.] 기발한 생각이었어.

최상급 완전 마무리 코너!

절대 최상급 외에도 비교 최상급이 남아있는데요, 비교급 문장에 '정관사' 가
더 들어가는 것이 가장 큰 특징이고 마지막 부분 **que**의 자리에는 **de**나 **entre**
를 대신 씁니다. 그래서 공식은 '정관사 + **mais/menos** + 형용사/부사 +
de/entre' 의 형식이 되는데 **de**와 **entre**는 '~ 중에서' 란 의미가 있답니다. 그
래서 '~중에서 가장 ~하다.' 란 뜻이 되죠. 21과의 별난 비교급형용사들의 경
우에도 앞에 관사만 넣어주면 최상급 형용사로 변신합니다. 예문을 보시면 훨
씬 이해가 쉬우실 거예요.

(**rápido** [하삐두] 빠른, **a escola** [이스꼴라] 학교, **intressante** [잉떼레쌍찌] 흥미로운,
재미있는)

Pedro é o mais rápido da escola.

[뻬드루 에 우 마이스 하삐두 다 이스꼴라.]
뻬드루는 학교에서 제일 빨라.

Esse livro é o menos interessante de todos.

[에씨 리브루 에 우 메누스 잉떼레쌍찌 지 또두스.]
그 책은 모든 책 중에 가장 재미없어.

Easy
It makes learning
a language fun and fast.

Fun
It makes learning
a language fun and fast.

Quick
It makes learning
a language fun and fast.

It makes learning a language fun and fast.
● Take the Pleasure of Learning!

22

mais와 menos의 다기능!

21과에서 배웠던 **mais**와 **menos**를 조금만 더 살펴보겠습니다. 먼저 '~(수) 이상 또는 이하' 란 표현을 쓰고 싶으실 때는 '**mais/menos de** + 수' 구문을 활용하시면 됩니다. 그거 아세요? 포르투갈어의 **mais**는 '+'(더하기), **menos** 는 '-'(빼기)를 의미한답니다. 그래서 다음의 문장들이 가능해지죠.

(**o minuto** [미누뚜] 분, **é igual a ~** [에 이과우 아 ~] ~와 같다, **todo mundo** [또두 뭉 뚜] 모든 사람, **está cantando** [이스따 깐땅두] 노래하고 있다, **menos** [메누스] 제외 한)

Eu tenho mais de 5 livros.

[에우 뗑유 마이스 지 씽꾸 리브루스.] 나는 책이 5권 이상 있어.

Você tem menos de 20 minutos.

[보쎄 뗑 메누스 지 빙찌 미누뚜스.] 너한테는 20분도 없어.

Um mais um é igual a dois.

[웅 마이즈 웅 에 이과우 아 도이스.] 1 더하기 1은 2.

Todo mundo está cantando, menos eu.

[또두 뭉두 이스따 깐땅두, 메누즈 에우.] 나 빼고 모두가 노래하고 있어.

023

'우린 방학 때 해변에 갔어.'
역시 브라질은 명소가 많아.

Nas férias nós fomos para a praia.

[나스 페리아스 노스 포무스 빠라 아 쁘라이아.]
동사 ir의 과거형

 **Easy**
It makes learning
a language fun and fast.

 **Fun**
It makes learning
a language fun and fast.

 **Quick**
It makes learning
a language fun and fast.

브라질! 하면 떠오르는 꼬빠까바나, 이빠네마 해변. 쭉쭉 빵빵한 아름다운 여성들,
탄탄한 근육의 구릿빛 남성들. 언제 해가 서쪽으로 기울었는지 모를 정도로 눈이 즐겁죠.
넓은 바다, 반짝이는 모래사장, 강렬한 태양, 거기에 까이삐링야 한 잔!

Easy
It makes learning
a language fun and fast.

Fun
It makes learning
a language fun and fast.

브라질리안 까이삐링야!

Quick
It makes learning
a language fun and fast.

브라질을 배경으로 한 영화엔 어김없이 등장하는 **caipirinha** [까이삐링야]. 까이삐링야는 감기약으로 마시던 '차' 에 알코올을 넣어 만든 브라질식 칵테일입니다. 식사 때는 반주로, 해변에서는 파도소리를 안주 삼아 마시기에 딱이죠. 레시피를 살짝 소개하자면, 유리잔에 설탕을 듬~뿍 넣고, 얇고 둥글게 썬 레몬 서너 조각을 넣은 후 방망이로 살짝 으깹니다. 그 다음 얼음과 술을 넣고 저어주면 끝!

리우의 꼬빠까바나(**Copacabana**), 이빠네마 (**Ipanema**) 해변과 더불어 천혜의 명소로 꼽히는앙그라 두스 헤이스(**Angra dos Reis**). 이곳은 브라질의 가장 오래된 도시 중의 하나로 섬이 총 365개, 해변이 2천 개가 있으며 역사적 볼거리는 물론 각종 문화행사가 많고 환경도 아주 잘 보존되어 있어서 관광객들의 발길이 끊이지 않는 곳입니다. (**as férias** [페리아스] 방학, 휴가(항상 복수로만 쓰임), **para** [빠라] ~로, **a praia** [쁘라이아] 해변, **o carro** [까후] 차, **ou** [오우] 또는, **de** [지] ~을 타고(교통수단), **o ônibus** [오니부스] 버스)

Nas férias nós fomos para a praia.

[나스 페리아스 노스 포무스 빠라 아 쁘라이아.]
우린 방학 때 해변에 갔어.

 **Easy**
It makes learning
a language fun and fast.

 **Fun**
It makes learning
a language fun and fast.

 **Quick**
It makes learning
a language fun and fast.

Que praia?

[끼 쁘라이아?] 무슨 해변?

A praia de Angra dos Reis.

[아 쁘라이아 지 앙그라 두스 헤이스.] 앙그라 두스 헤이스 해변.

Você foi de carro ou de ônibus?

[보쎄 포이 지 까후 오우 지 오니부스?] 너 차로 갔니, 버스 타고 갔니?

De ônibus.

[지 오니부스.] 버스로.

첫 번째 문장에 나온 **fomos**는 '가다' 란 뜻의 단어 **ir**의 과거시제 형태입니다. 이 동사는 불규칙동사인데, 공교롭게도 **ser**동사의 과거형과 쌍둥이가 됩니다. 인칭에 맞게 활용하면 다음과 같아요. **Eu - fui** [푸이], **Você/Ele/Ela/O senhor/A senhora/A gente - foi** [포이], **Nós - fomos** [포무스], **Vocês/Eles/Elas/Os senhores/As senhoras - foram** [포렁]

뭘 타고 갈까?

브라질에는 기차여행 문화가 거의 없습니다. 그 이유는 19세기 중반 처음으로 철도가 건설되긴 했지만 고속도로망의 발달, 경제위기 그리고 정부와 민간 차원의 투자 부족으로 인해 확충되거나 현대화되지 못했기 때문이죠. 현재 아주 일부 구간만 관광열차가 있고, 대부분은 화물열차입니다. 물론 대도시의 경우 외곽지대에 사는 사람들의 출퇴근용 철도도 있습니다. 몇 년 안에 상파울루와 리우 간에 고속열차가 생기면 아마도 광활한 브라질에서도 멋진 기차여행이 가능하겠죠? 교통수단과 함께 '여행하다' 란 뜻의 동사 **viajar**도 소개해드리겠습니다.
(**o trem** [뜨렝] 기차, **o avião** [아비어웅] 비행기, **o navio** [나비우] 배)

ir/viajar de trem

[이르/비아쟈르 지 뜨렝] 기차로 가다/여행하다

ir/viajar de ônibus

[이르/비아쟈르 지 오니부스] 버스로 가다/여행하다

ir/viajar de avião

[이르/비아쟈르 지 아비어웅] 비행기로 가다/여행하다

ir/viajar de navio

[이르/비아쟈르 지 나비우] 배로 가다/여행하다

ir/viajar de carro

[이르/비아쟈르 지 까후] 차로 가다/여행하다

아마존의 현실!

2009년 9월 베쟈(**Veja**)지 특집에 아마존에 관한 기사가 있습니다. 현대 문명의 혜택을 누리기 위한 이 지역 사람들의 대가를 비교한 것으로, 전기가 들어가지 않는 아마존 지역에서 **TV**를 보려면, 전기 생산을 위한 디젤유가 필요한데, 거북이 두 마리를 사냥해야 2리터의 디젤유를 살 수 있고, 이것으로 **TV**를 4시간 동안 시청할 수 있다고 합니다. 소금 1킬로그램을 사려면 생고무 1킬로그램과 맞바꿔야 하고, 1리터짜리 술 한 병을 사려면 소금에 절인 생선 2킬로그램이 필요하다고 하네요.

 **Easy**
It makes learning
a language fun and fast.

 **Fun**
It makes learning
a language fun and fast.

 **Quick**
It makes learning
a language fun and fast.

(até [아떼] 까지, a catarata [까따라따] 폭포, ver [베흐] 보다, o jogo [죠구] 경기, a seleção brasileira [쎌레써웅 브라질레이라] 브라질 축구대표팀, no [누] = (전치사) em [잉] ~에 + (정관사) o [우], o sábado [싸바두] 토요일)

Como vocês foram até as Cataratas de Foz do Iguaçu?

[꼬무 보쎄스 포렁 아떼 아스 까따라따스 지 포스 두 이과쑤?]
너희들 포스 두 이과수 폭포까지 어떻게 갔어?

De avião.

[지 아비어웅.] 비행기 타고.

Vocês foram ver o jogo da seleção brasileira no sábado?

[보쎄스 포렁 베흐 우 죠구 다 쎌레써웅 브라질레이라 누 싸바두?]
너희들 토요일에 브라질 축구대표팀 경기를 보러 갔었니?

Sim, fomos.

[씽, 포무스.] 응, 갔어.

브라질 여행에서 아마존은 어렵더라도, 이과수 폭포는 빼놓을 수 없겠죠? 이과수 폭포는 상파울루나 리우에서는 꽤 먼 거리에 있기 때문에 비행기를 타는 게 좋습니다. 광활한 대륙을 차로만 이동하는 건 쉽지 않거든요. 그리고 삼바축구의 본고장에 가시면 현장의 뜨거운 열기도 직접 체험해보세요. 색다른 추억이 된답니다.

 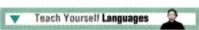

Easy
It makes learning
a language fun and fast.

Fun
It makes learning
a language fun and fast.

내가 항상 찾는 그곳들!

Quick
It makes learning
a language fun and fast.

일상 속에서 가장 자주 가는 곳은 어디일까요? 일반적으로 슈퍼, 시장, 학교, 회사 등을 간다고 보고 다음과 같은 문장을 준비했습니다. 우리가 '~로' 간다고 할 때는 전치사 **a** 또는 **para**를 쓰면 됩니다. 원래는 잠시 다녀오는 장소를 말할 때는 **a**를, 오래 있다가 오거나 아예 다른 곳으로 갈 때는 **para**를 써야 하는데, 요즘은 별로 구별하지 않아요. (o supermercado [쑤뻬르메르까두] 슈퍼, ontem [옹뗑] 어제, o bar [바르] 바, a escola [이스꼴라] 학교, a empresa [잉쁘레자] 회사)

Você foi ao supermercado ontem?

[보쎄 포이 아우 쑤뻬르메르까두 옹뗑?]
너 어제 슈퍼에 갔었니?

Eu fui ao bar à noite.

[에우 푸이 아우 바르 아 노이찌.]
나는 밤에 바에 갔어.

Nós fomos para a escola cedo.

[노스 포무스 빠라 아 이스꼴라 쎄두.]
우리는 학교에 일찍 갔어.

Easy
It makes learning
a language fun and fast.

Fun
It makes learning
a language fun and fast.

Quick
It makes learning
a language fun and fast.

Eles foram para a empresa cedo?

[엘리스 포렁 빠라 아 잉쁘레자 쎄두?] 그들은 회사에 일찍 갔어?

저는 어느 계절이든 다 좋아요!

여러분은 어느 계절의 여행을 선호하세요? 혹자는 봄과 함께 시작되는 꽃놀이나 무르익은 가을을 만끽하는 단풍놀이를 꼽습니다. 그런데 브라질에서는 일년 내내 갖가지 꽃을 무한정으로 볼 수 있습니다. 특히나 신기한 사실은 우리나라보다 다양한 종류의 무궁화 꽃이 많이 있다는 거예요. 브라질 역시 우리처럼 사계절이 있습니다. 주로 남부 지역이 확실히 구분되고 그 외의 지역은 봄과 가을이 상당히 짧은 편입니다.

봄은 **a primavera** [쁘리마베라], 여름은 **o verão** [베러웅], 가을은 **o outono** [오우또누] 그리고 겨울은 **o inverno** [잉베르누]입니다.
(**a estação** [이스따써웅] 계절)

De que estação você mais gosta?

[지 끼 이스따써웅 보쎄 마이스 고스따?]
어느 계절이 제일 좋니?

Gosto mais do outono.

[고스뚜 마이스 두 오우또누.]
가을이 제일 좋아.

024
Meu
amor.

024
잠깐만 기다려봐,
'내 사랑!'

Meu amor. [메우 아모르.]
명령법(부탁), 접속사

브라질의 연인들 역시 닭살스런 표현을 즐겨 씁니다.
Meu amor! 간단히 Amor!라고만 하기도 하는데
강세를 마지막 음절에 주다보니 '모르'로만 들리죠.

 Easy
It makes learning
a language fun and fast.

 Fun
It makes learning
a language fun and fast.

 Quick
It makes learning
a language fun and fast.

Take the Pleasure of Learning! It makes learning a language fun and fast.

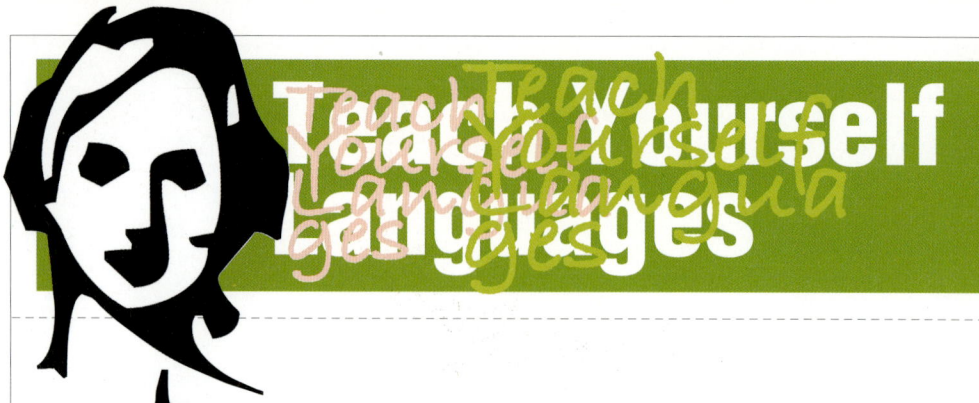

사랑하는 사람을 부를 때

브라질 사람들은 친한 사람을 부를 때 이름만 달랑 부르는 일이 없습니다. 좀 더 살갑게 친근감을 살려서 부른다는 것이죠. 그 중 하나가 '소중한', '사랑하는'이란 뜻의 **querido(a)** [께리두(다)] (영어의 **dear**)입니다.

(Meu) querido!
[(메우) 께리두] 자기야!, 여보!, 애!, 친구야!

(Minha) querida!
[(밍야) 께리다] 자기야!, 여보!, 애!, 친구야!

간단히 **meu**나 **minha**를 빼고도 부릅니다. 내가 부르고자 하는 대상이 한 명이 아니라 여러 명이면 **queridos(as)** [께리두스(다스)]로 바뀝니다. 아무래도 여성들이 더욱 즐겨 쓰는 표현이 되겠죠?

Queridas amigas!
[께리다스 아미가스] 소중한 내 친구들아!

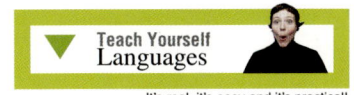

부탁할 때 쓸 수 있는 표현!

부탁을 할 때 사용하는 표현은 참 많습니다. 그중에서 상대가 어린 경우나 아주 가까운 사이일 때는 다음의 명령법을 사용할 수 있습니다. 이때의 명령은 동사의 현재형 중에 3인칭 **voçê**에 해당하는 동사를 써주기만 하면 된답니다.
(**desculpar** [지스꾸우빠르] 용서하다, **ficar** [피까르] 머물다, **beber** [베베르] (술) 마시다, **muito** [무이뚜] 많이, **repetir** [헤뻬찌르] 반복하다)

Desculpa.
[지스꾸우빠.] 미안. (용서해줘.)

Fica aqui, por favor.
[피까 아끼, 뽀르 파보르.] (너) 여기 있어, 부탁이야.

Não bebe muito, por favor.
[너웅 베비 무이뚜, 뽀르 파보르.] (너) 많이 마시지 마, 부탁이야.

Não repete muito, por favor.
[너웅 헤뻬찌 무이뚜, 뽀르 파보르.] (너) 자꾸 반복하지 마, 제발.

위 예문들은 가까운 사이에서만 사용해 주세요. 격식을 차리는 경우에는 약간 다른 형태의 명령형을 써야합니다. 또한, 두 번째 문장부터 마지막 문장까지는 우리말 어순과 완전히 반대인 것도 기억해주세요. 참고로 **desculpa**는 명령문은 아니지만 명령법을 사용한 사과 표현입니다. 이외에 16과에서 소개했던 **poder**동사의 3인칭 현재형에 동사 원형을 써서 부탁이나 명령을 하는 방법도 있습니다.

Easy
It makes learning
a language fun and fast.

Fun
It makes learning
a language fun and fast.

Quick
It makes learning
a language fun and fast.

(**trazer** [뜨라제르] 가져오다, **o copo** [꼬뿌] 컵, **ler** [레르] 읽다, **falar** [팔라르] 말하다, **a conta** [꽁따] 계산서, **mais alto** [마이즈 아우뚜] 더 크게)

Querida, pode trazer um copo para mim?

[께리다, 뽀지 뜨라제르 웅 꼬뿌 빠라 밍?] 얘, 나한테 컵 하나 가져다줄래?

Podem ler isto, por favor.

[뽀뎅 레르 이스뚜, 뽀르 파보르.] (너희들) 이거 읽어봐, 부탁해.

Pode falar mais alto?

[뽀지 팔라르 마이즈 아우뚜?] 좀 더 크게 말해볼래?

Pode trazer a conta, por favor.

[뽀지 뜨라제르 아 꽁따, 뽀르 파보르.] 계산서 주세요, 부탁합니다.

위의 첫 번째 문장의 **para mim**은 14과에서 소개한 적이 있는 '나를 위해' 란 표현입니다. 부탁이나 명령을 하는 대상이 단수이면 **pode**, 복수이면 **podem**을 씁니다. 아울러 공손한 부탁의 표현도 알아보겠습니다. 바로 **poder** 동사의 원형에 과거미래형 어미 **-ia**를 붙인 **poderia** [뽀데리애] 또는 **poder**의 불완전과거 형태인 **podia** [뽀지애] 중 하나를 활용하면 됩니다. 공손한 부탁을 하는 만큼 문장의 끝을 살짝 올리면서 '~해주시겠어요?' 란 식으로 말하면 돼요.

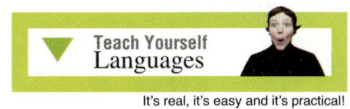

It's real, it's easy and it's practical!

(**fazer** [파제르] 하다, **o favor** [파보르] 호의, 부탁, **abrir** [아브리르] 열다, **a janela** [자넬라] 창문)

Poderia fazer um favor para mim?

[뽀데리아 파제르 웅 파보르 빠라 밍?]

내 부탁 하나 들어주시겠어요?

Podia abrir a janela, por favor?

[뽀지아 아브리르 아 자넬라, 뽀르 파보르?]

창문 좀 열어주시겠어요?

'나는 무엇을 원한다' 는 표현도 함께 알아둘까요?

'원하다' 란 동사 **querer**의 불완전과거 형태 **queria**나 현재 형태 **quero**를 사용하면 되는데요, 이때도 마찬가지로 불완전과거 형태 **queria**를 쓰면 공손한 표현이 된답니다.

(**ver** [베르] 보다, **a camiseta** [까미제따] 티셔츠, **a calça** [까우싸] 바지)

Eu queria ver esta camiseta.

[에우 께리아 베르 에스따 까미제따.]

저는 이 티셔츠를 보고 싶어요. (공손한 표현)

Eu quero ver esta calça.

[에우 께루 베르 에스따 까우싸.]

저는 이 바지 좀 보고 싶어요.

'~하자' (영어의 **let's**에 해당하는)는 **ir** 동사의 '우리' 에 해당하는 1인칭 복수 현재형 **vamos**에 동사 원형을 사용합니다.

207 | Teach Yourself Languages

Easy
It makes learning
a language fun and fast.

Fun
It makes learning
a language fun and fast.

Quick
It makes learning
a language fun and fast.

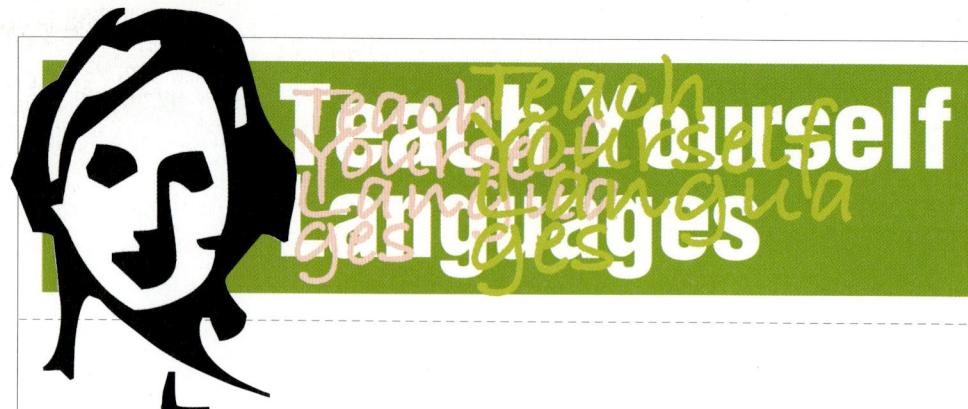

이때 '그러자!' 란 의미로 말할 땐 뒤에 오는 동사를 생략해도 됩니다.
또 상대에게 재촉하는 뜻으로 사용할 수도 있습니다.
(**almoçar** [아우모싸르] 점심 먹다, **começar** [꼬메싸르] 시작하다, **a aula** [아
울라] 수업, **em português** [잉 뿌르뚜게스] 포르투갈어로)

Vamos almoçar.
[바무스 아우모싸르.] 점심 먹자. / 점심 먹으러 가자.

Vamos começar a aula.
[바무스 꼬메싸르 아 아울라.] 수업 시작합시다.

Vamos falar em português.
[바무스 팔라르 잉 뿌르뚜게스.] 포르투갈어로 말하자.

꼭 알아둬야 할 접속사!

이번에는 가장 많이 쓰이는 접속사를 한 자리에 모아보겠습니다. 2과
에 처음 나왔던 '그리고' 는 **e**, 16과에서 배운 '그러나' 는 **mas**, 그리고
새로 소개하는 '또는' **ou** [오우]를 만나보시죠!

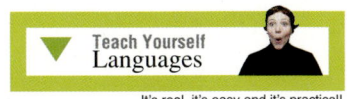
(**ser** [쎄르] 이다(영어의 **be**), **amigo** [아미구] 친한, **o chocolate** [쇼꼴라찌] 초콜릿, **aprender** [아쁘렝데르] 배우다, **espanhol** [이스빵요우] 스페인어)

Ele e eu somos muito amigos.
[엘리 이 에우 쏘무스 무이뚜 아미구스.] 그와 난 아주 친해.

Eu gosto de chocolate, mas você não.
[에우 고스뚜 지 쇼꼴라찌, 마스 보쎄 너웅.]
난 초콜릿 좋아하지만, 넌 아니야.

Ela quer aprender português ou espanhol?
[엘라 께르 아쁘렝데르 뽀르뚜게스 오우 이스빵요우?]
그녀는 포르투갈어를 배우고 싶어 하니,
아니면 스페인어를 배우고 싶어 하니?

A Ana ou a Rosa vai falar para você.
[아 아나 오우 아 호자 바이 팔라르 빠라 보쎄.]
아나 아니면 호자가 네게 말할 거야.

이 정도의 접속사만으로는 좀 서운해 하시겠죠?
딱 두 개만 더 알아도 말할 수 있는 표현이 배로 늘어납니다.
(**porque** [뽀르께] 때문에, **por isso** [뽀르 이쑤] 그래서, **convidar** [꽁비다르] 초대하다)

Eu aprendo português porque eu quero.
[에우 아쁘렝두 뽀르뚜게스 뽀르께 에우 께루.]
난 내가 원해서 포르투갈어를 배워.

Eu estou feliz, por isso,
quero convidar você para um café.
[에우 이스또우 펠리스, 뽀르 이쑤, 께루 꽁비다르 보쎄 빠라 웅 까페.]
난 행복해. 그래서 네게 커피를 대접하고 싶어.

Easy It makes learning a language fun and fast.

Fun It makes learning a language fun and fast.

Quick It makes learning a language fun and fast.

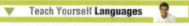

025
Você já almoçou?

025

'너 벌써 점심 먹었니? 빠르기도 해라.

Você já almoçou? [보쎄 쟈 아우모쏘우?]

 Easy
It makes learning
a language fun and fast.

 Fun
It makes learning
a language fun and fast.

 Quick
It makes learning
a language fun and fast.

규칙동사의 과거
우리는 식사 시간 전후에 만난 사람에게 종종 식사했는지 묻습니다. 이건 외국인들이 참 특이하다고 느끼는 부분이에요. 우리 고유의 언어문화로 봐야겠죠? 같이 점심을 먹자고 제안하기 전에 '보쎄 쟈 아우모쏘우?' 하고 물어보는 것도 좋을 듯합니다.

 Take the Pleasure of Learning!
It makes learning a language fun and fast.

Teach Yourself
Languages
It's real, it's easy
and it's practical!

브라질의 파티문화

브라질 사람들은 파티를 자주 합니다. 특히 아파트에 사는 사람들의 경우 아파트 주민이 공동으로 사용하는 홀에서 파티를 여는데, 우리나라의 경우 파티를 여는 사람이 마실 것과 먹을 것을 전담하는 반면, 브라질에서는 서로 조금씩 가져오는 게 일반적입니다. 대부분 집에서 직접 만든 음식과 쿠키, 케이크, 샌드위치, 튀김 등을 가져오는데 항상 남을 정도로 넉넉히 가져옵니다. 우리나라에도 공동주택에 함께 사용할 수 있는 공간이 더 많아져서 브라질 사람들처럼 가까운 사람들과 함께 여유 있는 만남을 자주 가지면 좋겠습니다. 그 옛날 이웃사촌이란 말이 되살아나길 바라면서요.

규칙동사의 과거시제 형태

어느새 이 책의 마지막 과입니다. 실생활에서 동사의 과거형도 현재형만큼이나 많이 쓰이고 있습니다. 그래서 준비했습니다. 동사의 과거시제 형태들입니다. 주격인칭대명사에 맞춰 소개하면 다음과 같습니다.

제1규칙 **-ar** 동사:

Eu — **-ei**
Você/Ele/Ela/O senhor/A senhora/A gente — **-ou**
Nós — **-amos**
Vocês/Eles/Elas/Os senhores/As senhoras — **-aram**

(예: 마시다 **tomar - tomei** [또메이], **tomou** [또모우], **tomamos** [또마무스], **tomaram** [또마렁])

 **Easy** It makes learning a language fun and fast.
 **Fun** It makes learning a language fun and fast.
 **Quick** It makes learning a language fun and fast.

제2규칙 **-er** 동사:

Eu	**-i**
Você/Ele/Ela/O senhor/A senhora/A gente	**-eu**
Nós	**-emos**
Vocês/Eles/Elas/Os senhores/As senhoras	**-eram**

(예: 먹다 **comer - comi** [꼬미], **comeu** [꼬메우], **comemos** [꼬메무스],
comeram [꼬메렁])

제3규칙 **-ir** 동사:

Eu	**- i**
Você/Ele/Ela/O senhor/A senhora/A gente	**- iu**
Nós	**- imos**
Vocês/Eles/Elas/Os senhores/As senhoras	**- iram**

(예: 결정하다 **decidir - decidi** [데씨지], **decidiu** [데씨지우], **decidimos** [데씨
지무스], **decidiram** [데씨지렁])

여기서 한 가지 힌트! 규칙동사의 경우 1인칭 복수 '우리' **nós**에 해당하
는 동사의 활용어미는 '현재와 과거형이 똑같아요.' 아셨죠?

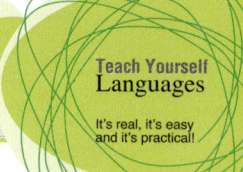

Teach Yourself
Languages
It's real, it's easy
and it's practical!

제1규칙 -ar 동사의 과거형 예문

우리나라에서 어쩌다 한 번 맛볼 때마다 브라질에 대한
향수가 짙어지는 음료가 하나 있습니다. 바로 과라나(**guaraná**)
라는 청량음료인데, 브라질에서는 남녀노소 모두에게 인기가 많습니다.
이 음료는 아마존 지역에서 나는 관목 과라나의 열매로 만드는데, 이 열매에
들어 있는 천연 카페인은 뇌세포의 기능을 활발히 해주고, 기분이 좋아지게 할
뿐만 아니라, 기운이 나게 하고 노폐물을 제거해 주는 것으로 유명합니다. 우
리나라에서는 브라질 식당에서 맛볼 수 있습니다.
(**o café da manhã** [까페 다 망양] 아침식사, **já** [쟈] 벌써, 이미, **o lanche** [랑쉬] 간
식(특히 점심과 저녁 사이), **almoçar** [아우모싸르] 점심 먹다(과거 1인칭 단수형
almocei의 철자변형을 주목해주세요.), **jantar** [쟝따르] 저녁 먹다, **juntos** [중뚜
스] 함께, **num** [눙] = (전치사) **em** [잉] ~에서 + (부정관사) **um** [웅],
o restaurante [헤스따우랑찌] 식당)

Você tomou café da manhã hoje?

[보쎄 또모우 까페 다 망양 오줴?] 너 오늘 아침 먹었니?

Você já tomou lanche?

[보쎄 쟈 또모우 랑쉬?] 너 간식 벌써 먹었니?

Já (tomei).

[쟈 (또메이).] (난) 응 (먹었어).

Eu já almocei.

[에우 쟈 아우모쎄이.] 난 이미 점심 먹었어.

 **Easy**
It makes learning
a language fun and fast.

 **Fun**
It makes learning
a language fun and fast.

 **Quick**
It makes learning
a language fun and fast.

Nós jantamos juntos.
[노스 쟝따무스 쥼뚜스] 우리는 함께 저녁 먹었어.

Onde vocês jantaram?
[옹지 보쎄스 쟝따렁?] 너희들 어디에서 저녁 먹었니?

Num restaurante brasileiro.
[눙 헤스따우랑찌 브라질레이루.] 브라질 식당에서.

포르투갈어로는 액체 음식은 **tomar**(마시다) 동사를 씁니다. 브라질에서는 아침 식사에 커피를 마시기 때문에 '아침식사' 란 표현에 **café**란 단어가 들어가고 동사도 **tomar**를 사용하죠. 간식 **lanche**는 **tomar**를 써도 되고, 고체 음식을 먹을 때 쓰는 **comer**(꼬메르) 동사를 써도 된답니다.

'어디에서 무엇을 했다' 라고 과거형으로 말하고 싶을 때 장소에 대한 언급이 필요하겠죠? 그래서 우리의 관심이 집중적으로 쏠리는 장소들을 한곳에 모아 봤습니다. 춤추는 클럽은 **a danceteria** [당쎄떼리아]인데, 최근 젊은이들은 **a balada** [발라다]란 단어를 더 선호합니다.

a choperia
[쇼뻬리아] 생맥주집

a cervejaria
[쎄르베쟈리아] 맥주집

a danceteria
[당쎄떼리아] 춤추는 클럽

o botequim
[보떼낑] 일반 술집

a pizzaria
[삐짜리아] 피자가게

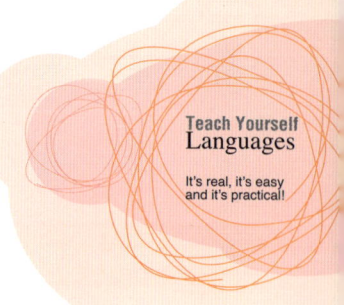

a sorveteria [쏘르베떼리아] 아이스크림가게
a confeitaria [꽁페이따리아] 과자가게
a padaria [빠다리아] 빵가게
o restaurante [헤스따우랑찌] 식당
a lanchonete [랑쇼네찌] 음식점

제2규칙 -er 동사의 과거형 예문

외국인에게 친절하기로 둘째가라면 서러운 브라질 사람들, 여러분이 포르투갈어로 말하면 큰 관심을 보이는 것은 물론이고, 금세 같이 어울려 먹고 마시는 일이 자연스러워질 것입니다.

(**escrever** [이스끄레베르] 쓰다, **aprender** [아쁘렝데르] 배우다, **comer** [꼬메르] 먹다, **beber** [베베르] 마시다, **até** [아떼] 까지, **jogar golfe** [죠가르 고우피] 골프 치다)

Eu escrevi um e-mail para ele.
[에우 이스끄레비 웅 이-메이우 빠라 엘리.] 난 그에게 메일을 썼어.

Você aprendeu português?
[보쎄 아쁘렝데우 뽀르뚜게스?] 너 포르투갈어 배웠어?

A gente comeu muito.
[아 젱찌 꼬메우 무이뚜.] 우리는 많이 먹었어.

Nós bebemos até a meia-noite.
[노스 베베무스 아떼 아 메이아-노이찌.] 우리는 자정까지 술을 마셨어.

Vocês aprenderam a jogar golfe?
[보쎄스 아쁘렝데렁 아 죠가르 고우피?] 너희들 골프 치는 것 배웠니?

 **Easy** It makes learning a language fun and fast.
 **Fun** It makes learning a language fun and fast.
 **Quick** It makes learning a language fun and fast.

A Self Teaching Guide

제3규칙 -ir 동사의 과거형 예문

다음 문장을 통해 과거시제 활용에 빨리 친숙해지시길 바라면서 출발합니다.
'~하기로 결정하다' 란 의미의 동사구를 이루는 **decidir** [데씨지르] (결정하다,
결심하다) 동사 다음에는 동사의 원형을 써주는 것도 알아두세요~!
(**abrir** [아브리르] 열다, **assistir a** [아씨스찌르 아] ~을 보다, **ao** [아우] = (전치사) **a**
[아] + (정관사) **o** [우], **o jogo de futebol** [죠구 지 푸찌보우] 축구경기, **decidir** [데씨
지르] 결정하다, **desistir de** [데지스찌르 지] ~을 포기하다, **da** [다] = (전치사) **de** [지]
+ (정관사) **a** [아], **a viagem** [비아젱] 여행, **comigo** [꼬미구] 나와 함께)

Eu abri a janela hoje cedo.

[에우 아브리 아 쟈넬라 오줴 쎄두.] 난 오늘 일찍 창문을 열었어.

Você assistiu ao jogo de futebol ontem?

[보쎄 아씨스찌우 아우 죠구 지 푸찌보우 옹뗑?] 너 어제 축구경기 봤어?

A gente decidiu aprender português.

[아 젱찌 데씨지우 아쁘렝데르 뽀르뚜게스.] 우리는 포르투갈어를 배우기로 결심했어.

Nós não desistimos da viagem.

[노스 너웅 데지스찌무스 다 비아젱.] 우리는 여행을 포기하지 않았어.

Vocês decidiram ir comigo?

[보쎄스 데씨지렁 이르 꼬미구?] 너희들 나랑 가기로 결정했니?

▶▶▶ 효과적인 듣기연습을 위해 본문 내용을 재구성하였습니다.
Take the Pleasure of Learning! It makes learning a language fun and fast.

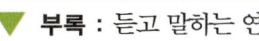
부록 : 듣고 말하는 연습자료

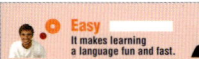 Easy
It makes learning
a language fun and fast.

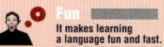 Fun
It makes learning
a language fun and fast.

 **Portuguese**
It makes learning a language fun and fast.

 Teach Yourself **Languages**

부록 : 듣고 말하는 연습자료

---

001 It makes learning a language fun and fast.

반갑다 브라질 포르투갈어!
'따봉!'
Tá bom.

❶
빵
Pão

월드컵
A Copa do Mundo

올림픽
As Olimpíadas

❷
펠레
Pelé

호나우두
Ronaldo

삼바
samba

카니발
Carnaval

축구
futebol

---

❸
보사노바
Bossa Nova

베벨 질베르뚜
Bebel Gilberto

쥬어웅 질베르뚜
João Gilberto

똥 죠빙
Tom Jobim

---

002 ■■■■■ It makes learning a language fun and fast.

포르투갈어로 반갑게 인사해요!
'뚜두 뼁?'
Tudo bem?

❶
안녕!
Olá!

안녕!
Oi!

잘 지내?
Tudo bem?

잘 지내.
Tudo bem.

Easy — It makes learning a language fun and fast. Fun — It makes learning a language fun and fast.

Portuguese
It makes learning a language fun and fast.

❷

안녕하세요?
Como vai?

잘 지내요. 감사합니다.
Bem, obrigado(a).

❸

그런데 넌?
E você?

그런데 당신은요?
E o senhor?

그런데 부인은요?
E a senhora?

❹

안녕하세요. (아침 인사)
Bom dia!

안녕하세요. (오후 인사)
Boa tarde!

안녕하세요. (밤 인사)
Boa noite!

(만나서) 정말 반가워.
Muito prazer.

나도 마찬가지야.
Igualmente.

❺

안녕.
Tchau.

안녕.
Até logo.

003

포르투갈어 알파벳!
'아, 베, 쎄, 데, 에...'
a, b, c, d, e ...

❶

A a	B b	C c	D d
아	베	쎄	데
E e	F f	G g	H h
에	애피	줴	아가
I i	J j	K k	L l
이	죠따	까	앨리
M m	N n	O o	P p
에미	에니	오	뻬
Q q	R r	S s	T t
께	에히	애씨	떼
U u	V v	W w	
우	베	다블류	
X x	Y y	Z z	
쉬스	입실롱	제	

 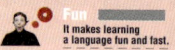

Portuguese
It makes learning a language fun and fast.

❷

영화관
cinema

포도
uva

사랑
amor

커피
café

너
você

사과
maçã

❸

좋은
bom

천사
anjo

행운
sorte

상파울루
São Paulo

❹

현대
Hyundai

삼성
Samsung

엘지
LG

행운을 빌어요!
Boa sorte!

004

포르투갈어 읽는 법 완전정복!
'브라질' 을 내 손안에!
Brasil

❶

브라질리아
Brasília

코파카바나
Copacabana

꾸리찌바
Curitiba

쎄아라
Ceará

이과수 폭포가 있는 지방
Foz do Iguaçu

Easy It makes learning a language fun and fast. **Fun** It makes learning a language fun and fast.

Portuguese
It makes learning a language fun and fast.

❷

미나스 제라이스
Minas Gerais

바이아
Bahia

뽀르뚜 벨유
Porto Velho

페르낭두 지 노롱야
Fernando de Noronha

포르딸레자
Fortaleza

브라질
Brasil

❸

마나우스
Manaus

케이블 카
bonde

잘
bem

❹

언제요?
Quando?

리우 데 자네이루
Rio de Janeiro

살바도르
Salvador

쌍따 까따리나
Santa Catarina

❺

버스
ônibus

여동생, 언니, 누나
irmã

도시
cidade

별
estrela

❻

여기
aqui

샴푸
xampu

사랑
amor

행복한
feliz

정원
jardim

엉덩이
bumbum

Teach Yourself **Languages**

❼

법
lei

사물
coisa

005
'너 + 나', 우리는 친구!
그와 그녀는 무슨 사이?
você e eu

❶

나
eu

너
você

그
ele

그녀
ela

우리
nós

너희들
vocês

그들
eles

그녀들
elas

너와 나
você e eu

그녀와 나
ela e eu

그와 그녀
ele e ela

❷

우리
a gente

당신 (선생님, 아저씨)
o senhor

당신 (아주머니, 부인, 여사)
a senhora

당신들 (선생님들, 아저씨들)
os senhores

당신들 (아주머니들, 부인들, 여사들)
as senhoras

❸

민수 씨
o senhor Minsoo

똥 죠빙 씨
o senhor Tom Jobim

마리자 몽찌 부인
a senhora Marisa Monte

마리자 부인
a dona Marisa

박 씨와 김 여사
o senhor Park e a senhora Kim

❹

0
zero

1
um / uma

2
dois / duas

3
três

4
quatro

5
cinco

6
seis

7
sete

8
oito

9
nove

10
dez

1 대 0
um a zero

4 대 1
quatro a um

006

'난 한국인이야. 넌 브라질인이니?
반갑다, 친구야.'
**Eu sou coreano.
Você é brasileiro?**

❶

난 한국인이야.
Eu sou coreano(a).

넌 브라질 사람이니?
Você é brasileiro(a)?

우린 한국인이야.
Nós somos coreanos(as).

너희들은 브라질 사람이니?
Vocês são brasileiros(as)?

응, 그래.
Sim.

Easy It makes learning a language fun and fast. Fun It makes learning a language fun and fast.

Portuguese
It makes learning a language fun and fast.

아니.
Não.

❷
넌 일본 사람이니?
Você é japonês / japonesa?

아니, 난 한국 사람이야.
Não. Eu sou coreano(a).

넌 한국 사람이니?
Você é coreano(a)?

응, 그래. 그런데 넌?
Sim, sou. E você?

난 브라질 사람이야.
Eu sou brasileiro(a).

❸
당신은 브라질 분이세요?
O senhor é brasileiro?

브라질 분이세요?
É brasileiro?

아니요, 전 브라질 사람 아니에요.
Não, eu não sou brasileiro.

(전) 미국인이에요.
Sou americano.

부인은 중국인이세요?
A senhora é chinesa?

아니요, 한국인이에요.
Não, sou coreana.

007
'이름이 어떻게 되세요?'
역시 **Ser** 동사가 해결합니다.
Qual é o seu nome?

❶
실례합니다.
Com licença.

실례합니다, 부탁합니다.
Por favor.

감사합니다.
Obrigado(a).

천만에.
De nada.

❷
네 이름은 뭐니?
Qual é o seu nome?

내 이름은 루이자야.
Meu nome é Luísa.

(난) 민수야.
Sou Minsoo.

Easy
It makes learning
a language fun and fast.

Fun
It makes learning
a language fun and fast.

Portuguese
It makes learning a language fun and fast.

네 이름은 어떻게 되니?
Como é o seu nome?

빠울루야.
Paulo.

❸
정말 반가워. (난) 링이야.
Muito prazer. Lim.

정말 반가워. (난) 빠울루야.
Muito prazer. Paulo.

❹
직업이 뭐니?
Qual é a sua profissão?

(난) 학생이야.
Sou estudante.

난 학생이야.
Eu sou estudante.

난 기자야.
Eu sou jornalista.

난 선생이야.
Eu sou professor(a).

008
'너 어디 사니?
알려줄까 말까?
Onde você mora?

❶
너 어디 사니?
Onde você mora?

난 상파울루에 살아.
Eu moro em São Paulo.

너 서울에 사니?
Você mora em Seul?

응, 서울에 살아.
Sim, moro em Seul.

❷
당신들은 어디 사세요?
Onde os senhores moram?

우리는 인사동에 살아요.
Nós moramos em Insadong.

너 브라질에 살아?
Você mora no Brasil?

난 부산에 살아.
Eu moro em Pusan.

그는 리우데자네이루에 살아.
Ele mora no Rio de Janeiro.

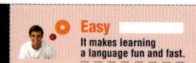 Easy
It makes learning
a language fun and fast.

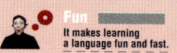 Fun
It makes learning
a language fun and fast.

Portuguese
It makes learning a language fun and fast.

❸

난 영어를 공부해.
Eu estudo inglês.

넌 일본어 공부하니?
Você estuda japonês?

우린 포르투갈어를 공부해.
Nós estudamos português.

너희들 한국어 공부하니?
Vocês estudam coreano?

난 포르투갈어를 말해.
Eu falo português.

너 한국말 하니?
Você fala coreano?

우리는 영어를 해.
Nós falamos inglês.

너희는 중국어 하니?
Vocês falam chinês?

❹

그는 누구니?
Quem é ele?

그는 포르투갈어 선생이야.
Ele é professor de português.

에스프레소 커피 얼마에요?
Quanto é o café expresso?

2헤알이에요.
(É) 2 reais.

009

네가 궁금해! 다 알려줘.
'핸드폰 번호는 뭐니?
Qual é o número do seu celular?

❶

핸드폰 있니?
Você tem celular?

응, 있어.
Sim, tenho.

아니, 없어.
Não, não tenho.

네 핸드폰 번호 어떻게 되니?
Qual é o número do seu celular?

010-1234-5678이야.
É 010-1234-5678.

❷

너 여유시간 있어?
Você tem tempo livre?

있어, 응.
Tenho, sim.

너 배고파?
Você tem fome?

아니, 안 고파.
Não, não tenho.

다니엘 여친 있어?
Daniel tem namorada?

 Easy
It makes learning
a language fun and fast.

 Fun
It makes learning
a language fun and fast.

Portuguese
It makes learning a language fun and fast.

응, 걔 예쁜 여친 있어.
Sim, ele tem uma namorada bonita.

11
onze

12
doze

13
treze

14
quatorze

15
quinze

16
dezesseis

17
dezessete

18
dezoito

19
dezenove

20
vinte

21
vinte e um

30
trinta

40
quarenta

50
cinquenta

60
sessenta

70
setenta

80
oitenta

90
noventa

100
cem

내 전화는 010-1234-5678이야.
Meu telefone é zero dez, doze, trinta e quatro, cinquenta e seis, setenta e oito.

 Easy — It makes learning a language fun and fast.  Fun — It makes learning a language fun and fast.

Portuguese
It makes learning a language fun and fast.

010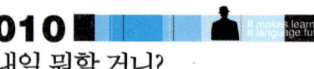

내일 뭐할 거니?
'우리 영화 한 편 볼까?'
Vamos ver um filme?

❶

너 공원에 가니?
Você vai ao parque?

응, 가.
Sim, vou.

영화 한 편 볼까?
Vamos ver um filme?

지금 영화관 갈까?
Vamos ao cinema agora?

그러자.
Vamos.

그들은 오늘 영화관에 가니?
Eles vão ao cinema hoje?

아니, 안 가.
Não, não vão.

❷

(난) 축구할 거야.
Vou jogar futebol.

(우리) 축구 경기 보러 갈 거야.
Vamos ver o jogo de futebol.

너희들 컴퓨터 게임 할 거니?
Vocês vão jogar jogos de computador?

❸

뻬드루 씨는 브라질 사람이야.
O senhor Pedro é brasileiro.

아나 부인은 마리자 몽찌의 CD를
몇 장 가지고 계셔.
A senhora Ana tem uns CDs da Marisa Monte.

난 친구(여성)가 다섯쯤 돼.
Eu tenho umas cinco amigas.

❹

빠울루는 한국어를 공부해.
O Paulo estuda coreano.

마리아는 한국어를 배워.
A Maria aprende coreano.

011

'난 축구하고 싶어.'
하고 싶은 게 있다는 건 행복이야!
Eu quero jogar futebol.

❶

나 축구하고 싶어.
Eu quero jogar futebol.

너 나랑 말하고 싶은 거니?
Você quer falar comigo?

우린 축구 경기가 보고 싶어.
Nós queremos ver o jogo de futebol.

너희들 한국인 친구 사귀고 싶니?
Vocês querem fazer amigos coreanos?

우린 춤추고 싶어.
A gente quer dançar.

❷

맥주 하나 줘.
Eu quero uma cerveja.

잠시만 기다려.
Um momento, por favor.

너희들 주스 원하니?
Vocês querem um suco?

우리는 물을 원해.
A gente quer água.

❸

커피 한 잔 할래?
Você quer um café?

물론이지.
Claro.

❹

너 지금 뭐하고 싶어?
O que você quer fazer agora?

텔레비전 보고 싶어.
Quero ver televisão.

산책 나갈까?
Vamos passear?

❺

나는 대한민국 출신이야.
Eu sou da Coreia.

너 브라질 출신이야?
Você é do Brasil?

난 너와 함께 영화관에 가고 싶어.
Eu quero ir com você ao cinema.

너 나랑 말하고 싶니?
Você quer falar comigo?

우린 너희들하고 친구가 되고 싶어.
A gente quer fazer amizade com vocês.

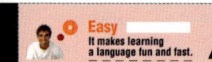 Easy It makes learning a language fun and fast. 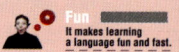 Fun It makes learning a language fun and fast.

Portuguese
It makes learning a language fun and fast.

012

'나는 지금 행복해요!
누구랑 같이 있는데?
Eu estou feliz agora.

❶

넌 상냥해.
Você é simpático(a).

난 잘 생겼어.
Eu sou bonito(a).

나 지금 행복해.
Eu estou feliz agora.

너 슬퍼?
Você está triste?

(나) 어때?
Como estou?

(현재) 너 보기 좋아.
Você está bonito(a).

너희들 어디 있어?
Onde vocês estão?

우리 여기 있어.
Nós estamos aqui.

우리 영화관에 있어.
A gente está no cinema.

❷

너 어디야?
Onde você está?

너 누구랑 있어?
Com quem você está?

남친이랑 있는 거야?
Está com seu namorado?

여친이랑 있는 거야?
Está com sua namorada?

❸

뭐 하고 있어?
O que você está fazendo?

포르투갈어 공부하고 있어.
Estou estudando português.

그녀는 창문을 열고 있어.
Ela está abrindo a janela.

❹

나 여기 있어.
Eu estou aqui.

너 거기 있구나!
Você está aí!

그들은 저기 있어.
Eles estão ali.

김연아가 거기 있니?
A Yuna Kim está lá?

013

'오늘 날씨 어때?
장난 아니야. 완전 더워!
Como está o tempo hoje?

❶

오늘 날씨 어때?
Como está o tempo hoje?

더워.
Está calor.

추워.
Está frio.

좋아.
Está bom.

❷

너 괜찮니?
Você está bem?

괜찮아.
Estou (bem).

안 괜찮아.
Não estou (bem).

❸

나 감기 걸렸어.
Eu estou com gripe.

(가벼운) 감기에 걸렸어.
Estou resfriado(a).

어디가 아픈데?
O que você tem?

배가 아파.
Estou com dor de barriga.

위가 아파.
Estou com dor de estômago.

❹

너 머리 아파?
Você está com dor de cabeça?

너 이가 아프니?
Você está com dor de dente?

내 남동생이 열이 있어.
Meu irmão está com febre.

우리 언니가 목이 아파.
Minha irmã está com dor de garganta.

❺

너 더워?
Você está com calor?

나 추워.
Eu estou com frio.

너 갈증 나니?
Você está com sede?

나 배고파.
Eu estou com fome.

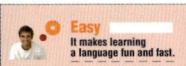 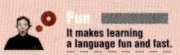 

❻
(나) 배고파.
Tenho fome.

뭘 좀 먹으러 갈까?
Vamos comer alguma coisa?

좋은 생각이야.
Boa ideia.

뭘 좀 마시러 갈까?
Vamos tomar alguma coisa?

그러자.
Vamos.

014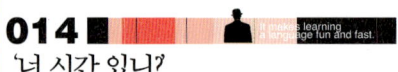
'너 시간 있니?
같이 점심이라도...
Você tem tempo livre?

❶
너 남친(여친) 있니?
Você tem namorado(a)?

아직 없어. 그런데 넌?
Ainda não tenho. E você?

나도 역시 없어.
Eu também não tenho.

❷
너 지금 약속 있어?
Você tem compromisso agora?

없어. 왜?
Não tenho. Por quê?

점심 먹으러 갈까?
Vamos almoçar?

나 아직 배 안 고픈데.
Eu ainda não tenho fome.

이런. 난 지금 점심 먹고 싶은데.
Que pena. Eu quero almoçar agora.

❸
우리한테 좋은 생각이 있어.
Nós temos uma boa ideia.

뭔데?
Qual?

내일 해변에 가자.
Vamos para a praia amanhã.

좋아.
Tá bom.

❹
너한테 질문이 있어.
Eu tenho uma pergunta para você.

너 나한테 질문할 거 있어?
Você tem alguma pergunta para mim?

우리는 당신들에게 줄 선물이 있어요.
Nós temos um presente para os senhores.

너희들 우리한테 줄 선물 있니?
Vocês têm presentes para nós?

회색 양복들
os ternos cinza

---

015 It makes learning a language fun and fast.
'어디로 갈까?
언제가 좋을까?
Para onde vamos?

❶

새해 복 많이 받아!
Feliz Ano Novo!

즐거운 크리스마스 보내!
Feliz Natal!

❷

(우리) 어디로 갈까?
Para onde vamos?

과루쟈에 갈까?
Vamos para o Guarujá?

언제?
Quando?

내일 일찍.
Amanhã cedo.

아주 좋아.
Ótimo.

몇 시에?
A que horas?

일곱 시 반에.
Às sete (horas) e meia.

그렇게 하자.
Combinado.

❸

난 오전 10시에 수업이 있어.
Eu tenho aula às 10 da manhã.

난 오후 두 시에 약속이 있어.
Eu tenho um compromisso às duas da tarde.

너 밤 9시에 집에 갈 거니?
Você vai para casa às 9 da noite?

❹

넌 몇 시에 아침 먹니?
A que horas você toma café da manhã?

7시에.
Às sete.

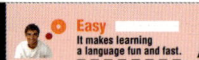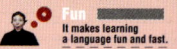
Easy
It makes learning
a language fun and fast.
Fun
It makes learning
a language fun and fast.

Portuguese
It makes learning a language fun and fast.

넌 몇 시에 점심 먹니?
A que horas você almoça?

한 시에.
À uma.

(우리) 7시에 저녁 먹을까?
Vamos jantar às sete?

좋아.
Tá bem.

❺
난 내일 일찍 부산으로 갈 거야.
Eu vou para Pusan amanhã cedo.

너 오늘 밤에 나랑 저녁 먹을래?
Você quer jantar comigo hoje à noite?

016
'어쩌지? 나 안 되는데.'
그러면 미리 다음 약속을 정해두자.
Que pena! Não posso.

❶
오늘 밤에 영화 한 편 볼까?
Vamos ver um filme hoje à noite?

어쩌니! 못 가는데.
Que pena! Não posso.

하지만 내일은 한가해. 내일 갈 수 있을까?
Mas amanhã estou livre.
Podemos ir amanhã?

❷
나 너랑 지금 말 좀 할 수 있을까?
Eu posso falar com você agora?

너 맥주 마셔도 돼.
Você pode tomar cerveja.

우리 언제 점심 먹을 수 있어?
Quando nós podemos almoçar?

너희들 여기서 저녁 먹어도 돼.
Vocês podem jantar aqui.

❸
몇 시야?
Que horas são?

3시 20분이야.
São três (horas) e vinte (minutos).

오후 두 시 반이야.
São duas e meia da tarde.

한 시야.
É uma hora.

정오야.
É meio-dia.

자정이야.
É meia-noite.

4시 정각이야.
São quatro em ponto.

④
10분 전 12시(정오)야.
São dez para o meio-dia.

15분 전 6시야.
São quinze para as seis.

몇 시니?
Que horas são?

5분 전 8시야.
São cinco para as oito.

그럼 저녁 먹으러 가자.
Então vamos jantar.

017 ■
'나 포르투갈어 배워.'
브라질 지금 엄청 뜨고 있잖아.
Eu aprendo português.

❶
너 인터넷 서핑 좋아해?
Você gosta de navegar na Internet?

응.
Gosto.

네 취미는 뭐니?
Qual é o seu hobby?

난 포르투갈어 배우는 거 좋아해.
Eu gosto de aprender português.

❷
난 일본어 배워.
Eu aprendo japonês.

너 포르투갈어 배우니?
Você aprende português?

우리 피아노 치는 거 배워.
Nós aprendemos a tocar piano.

너희들 골프 치는 거 배우니?
Vocês aprendem a jogar golfe?

❸
너 술 많이 마시니?
Você bebe muito?

많이는 안 마셔.
Não muito.

너희들 술 안 하니?
Vocês não bebem?

우린 술 마시는 거 좋아해.
Nós gostamos de beber.

난 포르투갈어 조금 해.
Eu falo um pouco de português.

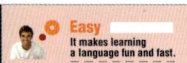 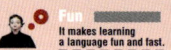
난 술 약간 마셔.
Eu bebo um pouco.

난 아무것도 이해 안 돼.
Eu não entendo nada.

넌 다 이해하니?
Você entende tudo?

누구 임 선생 아니?
Alguém conhece a professora Lim?

어느 누구도 브라질에 대해 다 알지 못해.
Ninguém conhece tudo sobre o Brasil.

❺

넌 브라질 사람 누구 아니?
Você conhece algum brasileiro?

언젠가 난 브라질에 갈 거야.
Algum dia eu vou para o Brasil.

난 매일 포르투갈어를 공부해.
Todo dia eu estudo português.

018
'2014년 FIFA 월드컵!
누가 챔피언이 될까요?
A Copa do Mundo da FIFA de 2014

❶
101
cento e um/uma

102
cento e dois/duas

200
duzentos(as)

300
trezentos(as)

400
quatrocentos(as)

500
quinhentos(as)

600
seiscentos(as)

700
setecentos(as)

800
oitocentos(as)

900
novecentos(as)

1,000
mil

❷

2,100
dois mil e cem

2,014
dois mil e quatorze

2억의 브라질 사람들
duzentos milhões de brasileiros

30억 헤알
três bilhões de reais

5.432
cinco mil quatrocentos e trinta e dois

3,75
três vírgula setenta e cinco

2014년
O ano 2014 (dois mil e quatorze)

2100년
O ano 2100 (dois mil e cem)

❸
거기 그 맥주 시원하니?
Essa cerveja aí está gelada?

저기 저 선수가 호나우징유야?
Aquele jogador ali é Ronaldinho?

019 It makes learning a language fun and fast.
'깜짝 놀랐지!'
나, 누구게?
Surpresa!

❶

눈 떠보세요.
Pode abrir os olhos.

놀랐죠!
Surpresa!

축하해요!
Parabéns!

❷

난 매일 이메일을 열어봐.
Eu abro meu e-mail todos os dias.

너는 매일 아침 창문을 여니?
Você abre a janela todas as manhãs?

우리는 9시에 가게를 열어.
Nós abrimos a loja às 9.

은행은 몇 시에 문을 여니?
A que horas abrem os bancos?

❸

난 포르투갈어 포기하지 않아.
Eu não desisto do português.

넌 TV 많이 보니?
Você assiste muito à televisão?

우리의 삶은 항상 변해.
Nossa vida sempre muda.

그들은 쉽게 포기하지 않아.
Eles não desistem facilmente.

❹
위하여!
Saúde!

위하여!
Tim tim!

020
'넌 몇 시에 일어나니?
난 아침형 인간인데...
A que horas você se levanta?

❶
너 몇 시에 일어나니?
A que horas você se levanta?

난 오전 6시에 일어나.
Eu me levanto às seis da manhã.

우리는 일찍 일어나.
A gente se levanta cedo.

우리는 일어나서 아침을 먹어.
Nós nos levantamos e tomamos café da manhã.

너희들은 늦게 일어나니?
Vocês se levantam tarde?

❷
너희들은 컨디션 어때?
Como vocês se sentem?

우리는 컨디션이 안 좋아.
A gente se sente mal.

나 여기 앉을게.
Eu me sento aqui.

넌 거기 누워.
Você se deita aí.

우리는 친구들과 즐겁게 보내.
Nós nos divertimos com os amigos.

너희들 오늘 알리씨와 만나니?
Vocês se encontram com a Alice hoje?

너희들은 서로 매일 만나니?
Vocês se encontram todos os dias?

우린 만날 때 서로 포옹해.
Nós nos abraçamos quando nos encontramos.

❸
우리 언제 만날까?
Quando vamos nos encontrar?

 Easy — It makes learning a language fun and fast.  Fun — It makes learning a language fun and fast.

Portuguese
It makes learning a language fun and fast.

우리 무슨 요일에 만날까?
Em que dia (da semana) vamos nos encontrar?

수요일에.
Na quarta(-feira).

너 먼저.
Você, primeiro.

021
비교하고 싶을 때!
'난 영어보다 포르투갈어가 더 좋아.'
Eu gosto mais de português (do) que de inglês.

❶
난 너보다 더 예뻐.
Eu sou mais bonita (do) que você.

넌 나보다 더 똑똑해.
Você é mais inteligente (do) que eu.

난 영어보다 포르투갈어를 더 좋아해.
Eu gosto mais de português (do) que de inglês.

❷
그녀가 너보다 더 명랑하니?
Ela é mais alegre que você?

넌 나보다 말을 빠르게 해.
Você fala mais rapidamente que eu.

그는 너보다 맥주를 더 마시니?
Ele bebe mais cerveja que você?

그녀는 나보다 여행을 더 많이 해.
Ela viaja mais que eu.

❸
나는 그보다 덜 소심해.
Eu sou menos tímido que ele.

한국 사람들은 브라질 사람들보다
덜 즐겁게 살아.
Os coreanos vivem menos alegremente que os brasileiros.

우리는 옛날보다 커피를 덜 마셔.
Nós tomamos menos café que antigamente.

우리는 예전보다 여행을 덜해.
A gente viaja menos que antigamente.

❹
너희들이 우리보다 더 나아.
Vocês são melhores (do) que nós.

그는 예전보다 더 형편없어.
Ele está pior que antigamente.

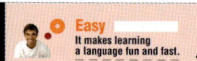 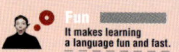 
Easy It makes learning a language fun and fast.
Fun It makes learning a language fun and fast.
Portuguese
It makes learning a language fun and fast.

내 사과가 네 것보다 더 커.
Minha maçã é maior que a sua.

이 수박이 저 수박보다 작아.
Esta melancia é menor que aquela.

❺
이 책은 그 책만큼 비싸.
Este livro é tão caro quanto esse.

저 책은 이 책만큼 좋아.
Aquele livro é tão bom como este.

나도 너만큼은 알아.
Eu sei tanto quanto você.

022
넌, 최고야!
'기막힌 생각이었어.'
Foi ótima ideia.

❶
나 정말 잘생겼어(예뻐).
Eu sou muito bonito(a).

스마트폰은 아주 비싸.
O Smartphone é caríssimo.

우리의 약속은 아주 중요해.
O nosso compromisso é importantíssimo.

❷
너 오늘 정말 좋구나.
Você está ótimo(a) hoje.

오늘 날씨 정말 나빠.
O tempo está péssimo hoje.

❸
난 정말 빨랐어.
Eu fui rapidíssimo(a).

이 책은 엄청 쌌어.
Este livro foi baratíssimo.

우린 콘서트에서 최고였어.
Nós fomos o máximo no concerto.

그들은 아주 형편없었어.
Eles foram péssimos.

차이는 아주 적었어.
A diferença foi pequeníssima.

❹
기발한 생각이었어.
Foi ótima ideia.

뻬드루는 학교에서 제일 빨라.
Pedro é o mais rápido da escola.

그 책은 모든 책 중에 가장 재미없어.
Esse livro é o menos interessante de todos.

 Easy — It makes learning a language fun and fast.
 Fun — It makes learning a language fun and fast.
 **Portuguese** It makes learning a language fun and fast.

❺

나는 책이 5권 이상 있어.
Eu tenho mais de 5 livros.

너한테는 20분도 없어.
Você tem menos de 20 minutos.

1 더하기 1은 2.
Um mais um é igual a dois.

나 빼고 모두가 노래하고 있어.
Todo mundo está cantando, menos eu.

---

023 ▮▮▮▮▮

'우린 방학 때 해변에 갔어.'
역시 브라질은 명소가 많아.
Nas férias nós fomos para a praia.

❶

우린 방학 때 해변에 갔어.
Nas férias nós fomos para a praia.

무슨 해변?
Que praia?

앙그라 두스 헤이스 해변.
A praia de Angra dos Reis.

너 차로 갔니, 버스 타고 갔니?
Você foi de carro ou de ônibus?

버스로.
De ônibus.

❷

너희들 포스 두 이과수 폭포까지 어떻게 갔어?
Como vocês foram até as Cataratas de Foz do Iguaçu?

비행기 타고.
De avião.

너희들 토요일에 브라질 축구대표팀 경기를 보러 갔었니?
Vocês foram ver o jogo da seleção brasileira no sábado?

응, 갔어.
Sim, fomos.

❸

너 어제 슈퍼에 갔었니?
Você foi ao supermercado ontem?

나는 밤에 바에 갔어.
Eu fui ao bar à noite.

우리는 학교에 일찍 갔어.
Nós fomos para a escola cedo.

그들은 회사에 일찍 갔어?
Eles foram para a empresa cedo?

❹

어느 계절이 제일 좋니?
De que estação você mais gosta?

Portuguese
It makes learning a language fun and fast.

가을이 제일 좋아.
Gosto mais do outono.

024
잠깐만 기다려봐, '내 사랑!'
Meu amor.

❶
자기야! (여보!, 얘!, 친구야!)
(Meu) querido!

자기야! (여보!, 얘!, 친구야!)
(Minha) querida!

소중한 내 친구들아!
Queridas amigas!

❷
미안. (용서해줘.)
Desculpa.

(너) 여기 있어, 부탁이야.
Fica aqui, por favor.

(너) 많이 마시지 마, 부탁이야.
Não bebe muito, por favor.

(너) 자꾸 반복하지 마, 제발.
Não repete muito, por favor.

❸
얘, 나한테 컵 하나 가져다줄래?
Querida, pode trazer um copo para mim?

(너희들) 이거 읽어봐, 부탁해.
Podem ler isto, por favor.

좀 더 크게 말해볼래?
Pode falar mais alto?

계산서 주세요, 부탁합니다.
Pode trazer a conta, por favor.

❹
내 부탁 하나 들어주시겠어요?
Poderia fazer um favor para mim?

창문 좀 열어주시겠어요?
Podia abrir a janela, por favor?

저는 이 티셔츠를 보고 싶어요.
Eu queria ver esta camiseta.

저는 이 바지 좀 보고 싶어요.
Eu quero ver esta calça.

❺
점심 먹자.
Vamos almoçar.

수업 시작합시다.
Vamos começar a aula.

포르투갈어로 말하자.
Vamos falar em português.

244 | Teach Yourself Languages

Easy It makes learning a language fun and fast. **Fun** It makes learning a language fun and fast.

Portuguese
It makes learning a language fun and fast.

❻

그와 난 아주 친해.
Ele e eu somos muito amigos.

난 초콜릿 좋아하지만, 넌 아니야.
Eu gosto de chocolate, mas você não.

그녀는 포르투갈어를 배우고 싶어 하니, 아니면 스페인어를 배우고 싶어 하니?
Ela quer aprender português ou espanhol?

아나 아니면 호자가 네게 말할 거야.
A Ana ou a Rosa vai falar para você.

❼

난 내가 원해서 포르투갈어를 배워.
Eu aprendo português porque eu quero.

난 행복해. 그래서 네게 커피를 대접하고 싶어.
Eu estou feliz, por isso, quero convidar você para um café.

025

'너 벌써 점심 먹었니?
빠르기도 해라.
Você já almoçou?

❶

너 오늘 아침 먹었니?
Você tomou café da manhã hoje?

너 간식 벌써 먹었니?
Você já tomou lanche?

(난) 응 (먹었어).
Já (tomei).

난 이미 점심 먹었어.
Eu já almocei.

❷

우리는 함께 저녁 먹었어.
Nós jantamos juntos.

너희들 어디에서 저녁 먹었니?
Onde vocês jantaram?

브라질 식당에서.
Num restaurante brasileiro.

❸

난 그에게 메일을 썼어.
Eu escrevi um e-mail para ele.

너 포르투갈어 배웠어?
Você aprendeu português?

Portuguese
It makes learning a language fun and fast.

Easy
It makes learning
a language fun and fast.

Fun
It makes learning
a language fun and fast.

우리는 많이 먹었어.
A gente comeu muito.

우리는 자정까지 술을 마셨어.
Nós bebemos até a meia-noite.

너희들 골프 치는 것 배웠니?
Vocês aprenderam a jogar golfe?

❹

난 오늘 일찍 창문을 열었어.
Eu abri a janela hoje cedo.

너 어제 축구경기 봤어?
Você assistiu ao jogo de futebol ontem?

우리는 포르투갈어를 배우기로 결심했어.
A gente decidiu aprender português.

우리는 여행을 포기하지 않았어.
Nós não desistimos da viagem.

너희들 나랑 가기로 결정했니?
Vocês decidiram ir comigo?

END